English Linguistics:
An Introduction with Actual Examples

実例で学ぶ
英語学入門

異文化コミュニケーションのための
日英対照研究

多々良直弘
松井　真人
八木橋宏勇

［著］

朝倉書店

執　筆　者

<ruby>多<rt>た</rt></ruby><ruby>々<rt>た</rt></ruby><ruby>良<rt>ら</rt></ruby><ruby>直<rt>なお</rt></ruby><ruby>弘<rt>ひろ</rt></ruby>　桜美林大学リベラルアーツ学群

<ruby>松<rt>まつ</rt></ruby><ruby>井<rt>い</rt></ruby>　<ruby>真<rt>ま</rt></ruby><ruby>人<rt>ひと</rt></ruby>　山形県立米沢女子短期大学英語英文学科

<ruby>八<rt>や</rt></ruby><ruby>木<rt>ぎ</rt></ruby><ruby>橋<rt>はし</rt></ruby><ruby>宏<rt>ひろ</rt></ruby><ruby>勇<rt>とし</rt></ruby>　杏林大学外国語学部

はじめに

Preface

　世界には 5,000 から 8,000 もの言語が存在すると考えられている．外務省のホームページによれば，2020 年 3 月現在，世界には 196 の国があるという．ごく単純に見積もれば，1 ヵ国あたりに 25 から 40 もの言語が存在する計算である．社会言語学者のファーガソン（Ferguson 1959）が述べているように，世界を見渡せば，多言語社会（ダイグロッシア（diglossia）ないしはポリグロッシア（polyglossia））は常態だといえるのである．ただ，すべての言語が等しい状況にあるとはいえない．例えば，次のように問われたら，どのように答えるだろうか．

　「母語以外でもう一つ，どの言語を学んでもいいですよ．何語にしますか？」

　日本に暮らしていても自身のルーツがフィリピンにあればタガログ語を選ぶかもしれない．フレンチの料理人を目指すならばフランス語と答える人もいるだろう．しかし，（ポナペ語でも，ケチュア語でも，グーグイミディル語でも，イヌクティトゥット語などでもなく）英語を選択する人が圧倒的に多いのではないだろうか．言語は人類の貴重な財産であり，本来的には優劣はないものの，グローバル化された現代において，リンガ・フランカ（lingua franca）としての英語の地位は認めざるを得ない状況にある．唐須（2002: 211）が明快に論じているように「英語の『商品価値』は，他の言語に比べると，格段に高いというのが現実なのである．差別してはならないが，区別はしなければならない．」ということである．

　本書で主として扱う英語という言語は，現状上記のようなステータスにある影響力の大きい言語である．しかし，必ずしも一枚岩というわけではない．英語もいまや Englishes と表現される時代である．アメリカやイギリスなど母語として使用されている内円圏（inner circle），インド・シンガポール・ナイジェリアなど旧宗主国の言語が第二言語として公用語になっている外円圏（outer circle），日本や中国のように外国語学習の対象である拡大円圏（expanding circle）として大雑把に区別されることもある（9.6 節参照）．

A："Hasn't the President left for Nairobi yet?"

B："Yes."　　　　　　　　　　　　　　　　　　　　　　　　　(Bokamba 1992: 132)

　北米の英語，すなわち内円圏の英語を主として習ってきた日本語母語話者であれば「否定疑問文に対する答え方はややこしい．日本語とは逆になる」という意識がすり込まれているかもしれない．事実，上記のやり取りが北米の英語話者によるものであれば「いいえ，大統領はもうナイロビに向け出発されました」となるが，外円圏に属するアフリカ英語では，日本語と同じく「はい，大統領はまだナイロビに向け出発されていません」となるそうである．

　本書は，このような異文化コミュニケーションの場面を念頭におき，英語学，とりわけ開放系言語学（認知言語学・社会言語学・語用論など）とよばれる学問を土台に，どのような英語であっても分析的に捉える際に核となる考え方を扱っていく（読者の理解のために英語と対照して日本語の例も多く挙げてある）．ここで取り上げられる内容は，筆者らが「大切だ」「おもしろい」と考えるものを選んであるが，もっと大切でもっとおもしろいと思えるものもたくさんあるはずだ．ぜひ章末の文献案内をたどり，各自の「大切」と「おもしろい」にたくさん出会ってほしい．それこそが学問の世界への扉なのだから．

　2022 年 3 月

多々良直弘・松井真人・八木橋宏勇

■文　献

Bokamba, Eyamba. G.（1992）The africanization of English. In Kachru, Braj. B.（ed.），*The other tongue: English across cultures*, 125-147, University of Illinois Press.

Ferguson, C.（1959）"Diglossia" *Word* **15**: 2: 325-340.

外務省ウェブサイト，世界と日本のデータを見る，　https://www.mofa.go.jp/mofaj/area/world.html（2021 年 3 月 15 日アクセス）

Kachru, Yamuna and Smith, Larry E.（2008）*Cultures, contexts, and world Englishes*. Routledge.（井上逸兵・多々良直弘・谷みゆき・八木橋宏勇・北村一真（訳）『世界の英語と社会言語学：多様な英語でコミュニケーションする』慶應義塾大学出版会.）

唐須教光（2002）『なぜ子どもに英語なのか：バイリンガルのすすめ』日本放送出版協会.

目　　　次

Contents

第1章

八木橋宏勇

英語学の歴史と対照研究

History of English Linguistics and Contrastive Studies

●実例に触れて考えてみよう

"This is a pen." という表現を正しく理解するには，どのような言語知識が必要とされるか考えてみよう．また，YouGlish というサイト（特定の語やフレーズが使用されている場面を YouTube の動画から抽出してくれるサイト）でこのフレーズを検索し，実際の使われ方を動画で確認してみよう．

　オープンキャンパスで高校生と話をすると，「英文科」と「英語学科／英米語学科」の区別がついていない方が多いように感じられる．ほぼ字義通りであるが，前者は「英文学」「米文学」をはじめとする「英語文学」を中心的に学び，後者は「英語という言語そのもの」を修めるところである．それは，英文科は文学部に，英語学科や英米語学科は外国語系統の学部に設置されていることからも理解できるだろう．

　本書のタイトルにもある「英語学」は，現在では（英文科にも英語学科などにも「英語学概論」といった名称で科目として用意されているところは多いが）主として英語学科／英米語学科系統に属する学問である．わざわざ「現在では」と少し慎重になるには理由がある．まずはそのあたりを整理することから「現代英語学」の世界に入っていこう．

◇ 1.1 言語学と英語学

　誤解を恐れずにごく単純にいえば，「法学」は法（ないしは法律）に関する学問である．刑事法や民事法，法哲学や比較法学など，さらに細かく分野は分かれるが，すべて法にかかわる研究だといえる．

図 1.1　言語学と英語学

　同じように考えると，「言語学」は「言語」を研究対象とする「学問」であり，「英語学」は（世界に様々ある言語の中で，とりわけ）「英語」を研究対象とする「学問」ということになる．個別の言語にスポットライトをあてた「英語学」「日本語学」「中国語学」「フランス語学」「ドイツ語学」などは，言語学という大きな傘のもとに細分化された学問領域であると捉えてもらってよい（図 1.1）．

　ところで，先ほど英語学に「現代」を冠し「現代英語学」と表現した．語感が鋭い読者には，「現代ではない別の英語学でもあるのか」と思われることだろう．少なくとも「現在では」と記したあたりから何かがあると察している読者もおられるだろう．実は，「英語学」は，（相互に関連してはいるものの）大きく異なる 2 つの分野で使われてきた名称だという点で注意が必要である．

◇ 1.2　2 つの英語学

　英語学に詳しくない方から「ご専門は何ですか？」と聞かれ「英語学です」と答えると，ほぼ決まって「語源とか？」「英語の歴史とか？」と返ってくる．間違いではないが，筆者らにとっては首肯するには悩ましく，どう説明したらよいかと苦しく感じるときがある．2 つの英語学の狭間で心が妙にざわつくからである．

　1 つの「英語学」は，**philology（フィロロジー）** とよばれるもので，文献をひも解きながら英語という言語に迫る歴史的な色合いが濃い研究をさす．例えば，古英語期（450 年頃 –1100 年頃）の『アングロ・サクソン年代記（*The Anglo Saxon Chronicle*）』や『ベオウルフ（*Beowulf*）』，中英語期（1100 年頃 –1500 年頃）の『カンタベリー物語（*The Canterbury Tales*）』，近代英語期（1500 年頃 –1900 年頃）のシェイクスピアの作品や『欽定訳聖書（*Authorized Version*）』など，書物を通して英語という言語の姿を追求していくのだ．

　もう一つの「英語学」は，**linguistics（言語学）** に分類されるものである．安藤・澤田（2001: 3）は philology と linguistics を以下のように説明している．

　　①フィロロジーは，言語を文化や文学を担うものとして研究するのに対して，言語

学は言語自体を研究の対象とする．したがって，言語学では，文字や文学をもた
ない言語も研究対象となる．

② フィロロジーは，書かれた文献を手がかりにして民族の精神文化を研究すること
を究極目標とする点で，本来テキスト指向的であるのに対して，言語学はテキス
ト指向的ではない．言い替えれば，フィロロジーはもっぱら書き言葉を対象とし，
データ中心的（data-oriented）であるのに対して，言語学はおもに話し言葉を対
象とし，**事実中心的**（fact-oriented）である．

③ 言語学は一般化と理論体系の構築を目指すのに対して，フィロロジーは個別化を
目指し，特定の言語の特徴，たとえば英語の場合なら「英語性」（Englishness）
を明らかにすることを目標とする．

④ フィロロジーはすぐれて歴史的であるが，言語学は通例，**記述的**（descriptive）
である．

本書のスタンスは linguistics（言語学）のほうである．私たちが日々目の当た
りにしている現代の英語の姿を，事実中心的に**開放系言語学**（**認知言語学・社会
言語学・語用論**）という理論的枠組みで記述・分析していく．

◇ 1.3 分業体制をとってきた伝統的な言語学

では，少しずつ**英語学**（English Linguistics）の世界に足を踏み入れていこう．
本書が扱う言語学の一分野としての英語学は，言語がもつ様々な側面を分業体制
で研究してきた．伝統的な言語学の分野は表 1.1 にある 5 つである．

表 1.1 伝統的な言語学の 5 分野

音声学	phonetics	話し言葉における音を研究する分野．調音音声学（話し手は音をいかに出しているか），音響音声学（音がいかに空気中を使わっているか），聴覚音声学（聞き手はいかに音を理解するか）などに細分化されている．
音韻論	phonology	ある言語話者は音を組み合わせて意味を伝達しているが，当該言語における個々の音の規則を明らかにし，音韻体系の解明を目指す分野．
形態論	morphology	意味を担う最小単位である形態素（morpheme）を中心に，語レベルの構造を分析する分野．拘束形態素と自由形態素にはじまり，複数の単一語からなる複合語，新しい語が生み出される語形成などを扱う．
統語論	syntax	語と語の結びつき（いわゆる「文法」）を研究する分野．連続する音と表現される意味を正しく理解するには，統語構造の把握が不可欠である．
意味論	semantics	言語形式が表す意味を研究する分野．また，多義語・類義語・反義語などの意味関係も扱う分野である．

インターネット上にあった次の一文でごく簡単に考えてみよう．

(1) I googled him on Yahoo and he seems pretty interesting.
　　「彼のこと，ヤフーでググってみたけど，とても興味深い人みたい」

　　　　　　　　　　　　　　(https://www.shmula.com/disambiguating-google/233/)

　ある人がこのように発話した場合，その人はいったいどのように発声器官を使って相手にメッセージを伝達させているのだろうか(**音声学**)．英語という言語体系において，連続体としての音そのものはいかにカテゴリー化されて認識されているのだろうか(**音韻論**)．企業名であったはずの Google に，過去を意味する(拘束)形態素(-ed)が接続しているが，いったい語の品詞や内部構造はどうなっているのか(**形態論**)．一つひとつの語が，(でたらめではなく)上記のように一定の配列がなされている背後には，いったいどういう規則があるのか(**統語論**)．言語表現上，どういう意味を表しているのか(**意味論**)．

　この短く，ごく身近な一文を観察するだけでも，5分野すべてにまたがる論点が確認される．「分ける」と「分かる」には密接な関係があることはよく知られており，研究領域を分業して研究を進めていくメリットはもちろんあるが，実態としては，その境界線をきれいに引くことは難しい．また，言語は実にしなやかなもので，もっと考えなければならないこともたくさんある．

　先の英文に，文脈を付与してみよう．たとえば，「彼」に対して好ましくない印象をもって発話したと考えてみよう．たちまち**皮肉**(irony)としての含意が立ち現われてくるのではないだろうか．先に挙げた意味論は「言語表現上の意味」を守備範囲としてきたが，このような「話者が意図したメッセージとしての意味」は扱わなくてよいのだろうか．いや，言語はコミュニケーションの中で捉える見方も必要だ，と思えてこないだろうか．

　長く分業制を敷いてきた言語学であるが，コミュニケーションの現場を考えた場合，必ずしも「分けたまま」では十分とはいえない．できるだけ統合的に分析する概念的な枠組みとしての理論が必要とされたわけである．

◇ 1.4　言語学の理論的枠組み

　「陽の下に新しきものはなし」(『旧約聖書』「伝道の書」1: 9)といわれるように，一般論として無から有が生み出されることはまずない．言語学の理論も，様々な背景を背負って，既存の学問から発展してきたといってよい．

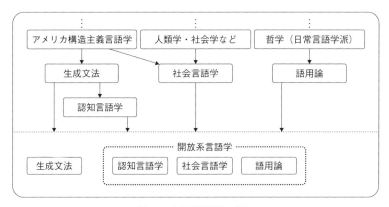

図 1.2 主な言語理論の流れ

　古くは裁判における弁論術（レトリック）に起源があると考えられている言語学は，哲学・人類学・社会学・心理学のみならず，自然科学系の学問からの影響も受けながら成長してきた．近代言語学の祖といわれるソシュールや，アメリカ構造主義言語学のボアズ，サピア，ウォーフ，ブルームフィールド，ハリス，ハイムズ，ホケットなど，多くの先人たちの研究や思想が意義深いものであったからこそ，それを乗り越える形でより精巧な理論が漸次整備されてきたのだ．

　本書が扱う認知言語学・社会言語学・語用論は，総じて**開放系言語学**（open system linguistics/the study of language as an open system）とよばれている（唐須 2000, 2008）．言語観が大きく異なる生成文法と比較することで，開放系言語学の特徴を確認していこう．

◇ 1.5　生成文法の出発点

　生成文法（generative grammar）の出発点は，ノーム・チョムスキーによる *Syntactic Structures*（1957）である（図 1.3）．アメリカ構造主義言語学が北米先住民族語の言語的特徴の記録を重視していたことに対し，ハリス門下にあったチョムスキーはその手法を批判し「科学としての言語学」を鮮明に打ち出した．言語学に革命的転回をもたらした生成文法の考え方をかいつまん

図 1.3　*Syntactic Structures* の書影

で見ていこう.

1.5.1 刺激の貧困と普遍文法

まずチョムスキーは，ある言語の話者は教科書のような（文法的に適格な）発話を常にしているわけではないにもかかわらず，なぜ人は生後まもなく，きわめて短期間のうちに，文法を正しく身につけられるのだろうか，と問題を設定した．幼い子どもたちは，言い淀み，言い間違いなどを含む，およそ文法的とはいえない要素を多分に含む周囲の大人たちの発話をサンプルとして言葉を身につけていく．この「文法的に適格な文で十分に話しかけられているわけではない」という点は**刺激の貧困**（poverty of stimulus）とよばれている．

チョムスキーは，刺激の貧困という状況で「なぜ幼い子どもは急速に文法を正しく身につけられるのか」という問いに対して，普遍文法（universal grammar: UG）を想定するという手法を採った．これは，（日本語や英語といった）個別言語の素となる，どの言語にもつながりうる普遍的な文法を生得的に身につけて人は生まれてくるのだろう，という仮説に基づいている．

文法は無限の文を生み出す源泉である．「語を覚える」とはいえるが，「文を覚える」には違和感を覚えるかもしれない．つまり，文はそのままの形で覚えるようなものではないということだ．文は，文法という規則によって原理的には無限に生み出される．チョムスキーが文法に着目したのは，まさに「文法は言語の創造性の根幹」といえるからである．

チョムスキーは，言語能力の中心に文法を据え，私たちがどのような言語知識をもっているのか解明することに着手した．ただ，普遍文法の全貌を明らかにする際に行く手を阻む存在があるのも事実であった．私たちが日常的に「犯してしまう」言い淀みや言い間違い，ときに人によって解釈が異なるなど不確定要素を多分に含む意味という存在．これらは普遍文法の解明にはノイズになりうるため，チョムスキーは**理想的な話し手**（an ideal speaker）と**文法（統語論）**と**意味（意味論）**の区別を想定した．「理想的な話し手」は，文法的な誤りを一切犯すことのない完璧な話者を想定したもので，これにより**言語運用**（performance）という面を考慮せず，**言語能力**（competence）に集中する前提を整えた．言語研究は，観察可能な言語的特徴の記録から，人の内側すなわち認知的な研究へと舵が大きく切られたのであった．これが言語学の革命的転回である．

研究の論点を言語能力に絞るためには，意味という捉えづらい存在を背景化す

る必要があった（ようだ）. 有名な次の一文を見てみよう.

(2) Colorless green ideas sleep furiously.（無色の緑色の考えが猛烈に眠る.）

　無色でありながら緑色である考えとはどういう意味なのか. 考えが猛烈に眠るとは何を意味しているのか. 一見したところ, この文は意味をなしていないように思われるのは確かだ. しかし, 英語話者には【形容詞 – 形容詞 – 名詞 – 動詞 – 副詞】という文法構造ははっきりと理解されうる. そのため「意味をなさない文であっても文法的に適格であることは分かる. 意味と文法は分けて考えられるのだ」という主張を裏づける証拠として提示されたのであった.

1.5.2　意味と文法は本当に分けてよいのか

　ところで, 言語における規則は, 意味から独立しているといってよいのだろうか. 私たちは, 自分の主張を理解してもらうために何かしらの例を出すことはよくあるが, その限られた例だけで, 一般化できるのかどうか, 慎重にならなければならないときもある. エヴァンズ（Evans 2014: 172）をもとに考えてみよう.

(3) Arboreal mammary media paragraph well.
　　（樹木の乳房のメディアが上手に段落に区切る.）

　上記の文の文法構造は【形容詞 – 形容詞 – 名詞 – 動詞 – 副詞】で, (2) の文と同一である. しかし, 一般的な英語母語話者にとっては, 文法的に実にひどいと感じるようで, 結果, (3) の文は非文法的だと判断されるとのことである. まったくもって不協和な意味の語が選択された場合, 文法性の判断にも影響が及ぶことが示されたのだ. 意味と文法は, チョムスキーが考えるよりも密接な関係にあるといえよう.

◇ 1.6　人と意味を中心に据える言語学

　意味の世界は広く深い. その意味を紡ぎだすのも, 捉えるのも, 私たち人であることは揺らがない事実である. 開放系言語学は, 普遍文法も理想的な話し手も想定せず, 意味を志向する生身の人間を議論の中心に据える点で, 生成文法とは言語観が大きく異なる. ここでは, 生成文法と（開放系言語学の一翼を担う）認知言語学を比較しながら, 開放系言語学の世界へ入っていこう.

1.6.1　開放系言語学はなぜ「開放系」なのか

　生成文法は, いまなお言語学の最大派閥といっても過言ではない. 生成文法の祖・チョムスキーは, 世界で最も有名な言語学者であることは, 誰もが認めると

ころである．先に示したように，生成文法は，私たちが実際に話したり書いたり
する観察可能な言語（**E言語**＝externalized language）ではなく，E言語のもとと
なる私たちの中にある言語（**I言語**＝internalized language）を研究対象としてい
る．いいかえると，言語運用ではなく言語能力，とりわけ文法能力の解明に力点
を置いて研究を行っている．つまり，私たちの内面にある様々な能力のうち，自
律的でモジュールをなしている（と想定している）言語能力のみを相手にしてい
るわけである．

　一方，本書が扱う開放系言語学は，生成文法のように言語を閉じた体系と見な
さず，言語は（言語に特化されない様々な）認知能力や，文化・社会・対人関係
などと相互作用するダイナミックな存在と捉える．これが「開放系」を冠するゆ
えんである．

1.6.2　開放系言語学の一翼を担う認知言語学

　母語話者が当該言語を使うことを可能にしている言語に関する知識のことを**言
語知識**（knowledge of language）という．私たちは日本語を使って日々生活をし
ているが，例えば日本語学習者からの素朴な質問（「は」と「が」はどう違う？な
ど）に明快に答えることは難しい．自分ではできるけれども説明できない，こう
いう知識を**暗黙知**（tacit knowledge）という．母語話者が具備している言語知識
は，暗黙知の様相を呈しており，その解明を目指すという点では，生成文法も認
知言語学も目標を共有している（西村・長谷川 2017: 495）．ただし，言語をどう
いう位置に置いて考えるか，という点でスタンスに大きな違いが見られる．

　(4a)　　This bridge has been walked under by generations of lovers.　　(Bolinger 1975: 69)

　例えば，受動態について，私たちはいったいどんな知識を備えているのだろう
か．初期の生成文法では，能動態と受動態は（意味の差異には関心が払われず，
もっぱら）統語的にどのような変形操作が行われているかという観点から研究が
行われていた．しかし，次の例はどう考えればよいのだろうか．統語的な変形操
作だけでは，なぜ非文と判断されるのか説明がつかない．

　(4b)　　* This bridge was walked under by the dog.　　(Bolinger 1975: 69)

　生成文法でいう言語知識は，人の心（内的機能）を形成しているシステムの一
つではあるものの，他のシステムからは独立していると考えられている．いいか
えると，生成文法が解明を目指す生得的な言語知識（文法能力）は，言語以外の
能力・要素の影響を受けない自律的なシステムだということであり，これを**モジ**

ュール（module）とよんでいる．身体を構成する各臓器がそれぞれ固有の役割を担って生命を維持しているように，心を形成するシステム一つひとつを示すメタファーとして**心的器官**（mental organ）という表現がよく用いられる．言語知識もその一つだという主張である．

　一方，**認知言語学**（cognitive linguistics）は，言語に特化しない，様々な心的活動で利用されている一般的な**認知能力**（cognitive abilities）とよばれるものが，言語にも大いにかかわりがあり，言語知識は全体的で統合的なものだと考えている．言語は，人類が言語を使うようになる前からの道具立て（認知能力）を利用しており，"a new machine made out of old parts" だというのが認知言語学的なスタンスである．

　（4ab）に見られる受動態について，認知言語学では，能動態と受動態は一種の「図と地の反転（figure-ground reversal）」と捉えられ，それぞれが独自の構造をもち，伝達される意味は質的に異なると考える．受動態の主語は認知的際立ちをもって捉えられる図であり，（4a）は「（例えば「恋愛成就の場所」など）多くの恋人たちが下を通ることでその橋が影響を受けた」ことを含意する．一方（4b）は，一頭の犬がくぐるだけでは，橋が図として主語に据えられるほどの影響を受けているとは感じられず，結果としてぎこちない文と判断されるわけである．

　ルビンの盃（図1.4）で知られているように，私たちは知覚で受け取る刺激や情報はすべて均等に捉えているわけではなく，認知的に際立った部分は**図**（figure），その背景となる部分は**地**（ground）として異なる価値を把握する．これは言語以外の様々な領域でも用いられる認知能力の一つである（認知能力と言語のかかわ

図 **1.4**　ルビンの盃

りについては，特に第 2・4 章参照）.

1.6.3　開放系言語学としての認知言語学・社会言語学・語用論

　チョムスキーは理想的な話し手を想定することで，言語研究から生身の人間を除外したが，言語の実態に迫るうえで，それは適切であったのだろうか.　人は相手や場面によって言語の使い方を調整するなど，言語には社会的要素を中心に，考慮しなければならない側面が多分に含まれている.　社会言語学・語用論は，認知言語学と「言語と人を切り離してはならない」というスタンスを共有する開放系言語学の主要メンバーである（社会言語学・語用論の具体的な内容は，第 9 章から第 12 章参照）.

　そもそも人は意味を追い求める動物である.　意味を把握できないとモヤモヤしたり，イライラしたり，ハラハラしたりする.　意味が分かるとスッキリと腑に落ち，落ち着きを覚える.「人」と「意味」を中心に据える人間の学としての言語学，それが「開放系言語学」である.

練習問題

1. 生成文法と開放系言語学（認知言語学・社会言語学・語用論）の言語に対する考え方をそれぞれ調べてみよう.
2. 認知言語学・社会言語学・語用論の主要なテーマを調べてみよう.
3. Colorless green ideas sleep furiously. という一文は，本当に意味をなさない文なのだろうか.　解釈の可能性を考えてみよう.

実例で学ぶアクティブラーニング課題

　次の例は「回文」（palindrome）とよばれている.　一般的には，上から読んでも下から読んでも同じになる文のことだといわれているが，逆さから読んでも同じになればどんなものでも回文だと感じられるわけではない.　いったいどのような要素がかかわっていると想定されるか考えてみよう.

　　熊お塩まく（くまおしおまく）

　　関係ない喧嘩（かんけいないけんか）

　　Nurses run.

　　Madam, I'm Adam.

📚 文献案内

●東照二（2009）『社会言語学入門〈改訂版〉：生きた言葉のおもしろさに迫る』研究社.
　　社会言語学の主要トピックが，豊富な実例とともに紹介されている．言語を社会と
　　のかかわりでどのように捉えていくのがよいか，明快に提示されている．

●井上逸兵（2015）『グローバルコミュニケーションのための英語学概論』慶應義塾大学
　出版会.
　　前半は英語学の伝統的なトピック，後半は「コミュニケーションの観点から見た英
　　語の姿」という構成になっている．人や社会の動きが英語という言語およびコミュ
　　ニケーションにどのような影響を与えてきたかが明快に論じられている．

●加藤重広・澤田淳（2020）『はじめての語用論：基礎から応用まで』研究社.
　　語用論の主要トピックおよび関連諸分野との関係が手際よく提示されている．言語
　　知識がコミュニケーションにおいていかに活用されているかを様々な事例から学ぶ
　　ことができる．

●唐須教光（編）（2008）『開放系言語学への招待：文化・認知・コミュニケーション』
　慶應義塾大学出版会
　　言語を人間のコミュニケーションの中に捉え直し，戦時体験の語りからネット上の
　　言語まで，現代の様々なコミュニケーション現象に迫る開放系言語学の概説書．現
　　代社会において多様化する文化とコミュニケーション現象を言語とのかかわりで論
　　じている．

●西村義樹・野矢茂樹（2013）『言語学の教室：哲学者と学ぶ認知言語学』中公新書.
　　認知言語学者と哲学者が対話形式で認知言語学の面白さをあぶり出している入門
　　書．

📎 コラム 1　認知言語学における「認知」とは何か？

　認知言語学における**認知**（cognition）とは，いったいどういう意味なのだろうか？
一般的に，「認知とは心の働きのこと」と簡潔に説明されるが，もう少し踏み込ん
で考えてみよう．

　そもそも，言語を使用する主体，すなわち私たち人間は，動物学上は霊長目真猿
亜目ヒト上科ヒト科に属し，学名はホモ・サピエンス・サピエンス（*Homo sapiens
sapiens*）とされる動物である．生存本能があり，生命を維持するために目の前の存
在が自らにとってどのような意味をもっているか（たとえば，「敵」「味方」，「食べ
られるもの」「食べられないもの」など）適切に判断する能力を具備していると考

えられる．

　ただし，一つひとつの個体を個別的に記憶しているわけではない．経験に照らし合わせて，「まったく同一ではないが，同じとみなす」という**類似性**（similarity）に基づく判断を通して，絶えず**カテゴリー化**を行っている．第 4 章で詳しく論じられているように，メタファーという言語現象は，類似性の把握とカテゴリー化に関する能力が深くかかわっている．ただし，それは言語に特化した能力というわけではない．事実，日常的に様々な場面で用いられていることから一般的な**認知能力**（の一つ）といわれている．認知言語学の「認知」とは，このように，心的に絶えず行われている情報処理の仕組みのことを総称的に表現しているのである．

■文　献

安藤貞雄・澤田治美（編）（2001）『英語学入門』開拓社．

Bolinger, Dwight（1975）On the passive in English, *LACUS* **1**: 57-80.

Evans, Vyvyan（2014）*The language myth: Why language is not an instinct.* Cambridge University Press.（辻幸夫・黒滝真理子・菅井三実・村尾治彦・野村益寛・八木橋宏勇（訳）（2021）『言語は本能か：現代言語学の通説を検証する』開拓社．）

西村義樹・長谷川明香（2017）「Ⅲ認知言語学におけるメンタル・コーパス革命」テイラー，ジョン・R（著）西村義樹・平沢慎也・長谷川明香・大堀壽夫（編訳）『メンタル・コーパス：母語話者の頭の中には何があるのか』494-500．くろしお出版．

唐須教光（編著）（2000）『言語学Ⅱ』研究社．

カテゴリー化

Categorization

●実例に触れて考えてみよう

　　　私たち人間は身のまわりのあらゆるものごとをグループに分類して認識している．あなたは「sportとはどういうものですか」と問われたらどう説明するだろうか．また，まっさきに心に思い浮かべるsportは何だろうか．sportとそれ以外の行為の境界線はどこにあるのだろうか．

◇ 2.1　カテゴリー化とは何か

　私たち人間は，「あれは犬で，これは机，それは木」というように，世界のあらゆるものを分類する．もちろん，人間以外の動物も，食べられるもの，食べられないもの，敵，味方，危険なもの，危険でないものというような区別はしているだろう．しかし，人間ほど世界を細かく分類している動物はないであろう．

　人間が分類するものは，形のある具体的なものばかりではない．感情（喜び，怒り，悲しみなど），社会関係（親，子，知人など），社会制度（資本主義，社会主義など），行為（歩く，走る，笑うなど），性質（赤い，柔らかい，難しいなど），出来事（誕生，入学，地震など）といったあらゆる対象を分類する．このように，身のまわりの森羅万象を分類することを**カテゴリー化**（**範疇化**：categorization）といい，カテゴリー化の結果として生ずるグループを**カテゴリー**（**範疇**：category）という．カテゴリー化の能力は，人間がもつ重要な認知能力の一つである．

　なぜ人間はカテゴリーを作るのであろうか．「犬」というカテゴリーを例にとって考えてみよう．犬には，柴犬，シェパード，ブルドッグ，チワワなど様々な種類がある．犬のカテゴリーに属するこれらの成員（メンバー）は，体の大きさ，足の長さ，毛の長さ，毛の色など様々な違いがあるが，私たちは犬とはどのようなものか，どのようなものを犬とよぶことができるかということについての知識，

つまり犬の概念を心の中にもっているので，目の前に現れた動物を犬として分類できる．そして，ある動物を犬と分類できれば，私たちがもっている犬の概念を利用して，その動物がどのようなものであるか，それに対してどのように対応すべきか，ということを知ることができる．

　身のまわりの一つ一つの事物について，個別にそれがどのようなものか，どう対応すべきかということを覚えようとすれば，記憶の大きな負担になる．カテゴリー化の能力によって，私たちは身のまわりの複雑な世界を単純化することができ，効率よく生活ができるのである．

◇ 2.2　古典的カテゴリー論

　人間が作り上げるカテゴリーがどのようなものであるかということについては，古代ギリシャの時代から一つの定説ともいえる考え方がある．この考え方は**古典的カテゴリー論**（the classical theory of categories）とよばれることがある（Lakoff 1987, Taylor 2003）．古典的カテゴリー論では，カテゴリーのすべての成員は必要十分な共通属性をもっており，カテゴリーはそのような必要十分条件によって定義されると考えられている．つまり「人間」，「犬」，「鳥」といったカテゴリーに属するすべての成員が共有している属性があり，私たちはカテゴリーを定義するのに必要十分な共通属性を知っているために，ここにいるのは「犬」であり，あそこにいるのは「鳥」であるという判断ができるというわけである．

　以上のような古典的理論に従えば，すべてのものは，特定のカテゴリーの必要十分条件を満たしているか，満たしていないかのどちらかであり，すべての必要十分条件を満たしていればそのカテゴリーの成員であり，満たしていなければその成員ではない．例えば，ある容器は cup の必要十分条件をすべて満たしているか満たしていないか，cup であるかそうでないかのどちらかであり，cup でもあり bowl でもあるような容器は存在しない．つまり古典的理論では，カテゴリーの境界線は明確である．

　さらに古典的理論によれば，あるカテゴリーに属しているすべての成員は必要十分条件を満たしていることになるので，典型的な成員とか周辺的な成員は存在しない．つまりこの理論では，すべての成員が対等の関係でカテゴリーに属しているので，鳥らしい鳥（典型的な鳥）とか，鳥らしくない鳥は存在しないということになる．

◇2.3　古典的カテゴリー論と言葉の意味

　カテゴリーと言葉の意味には密接な関係がある．1960〜1970年頃の言語学の意味研究は，前節で見た古典的カテゴリー論を基礎とするものであった．この種の意味研究では，語の意味をさらに小さな意味の要素に分解して記述する．そして，そのような要素は語がさす対象の共通属性であり，語を正しく使うために満たされなければならない必要十分条件であると考えられていた．このような，語の意味を構成している要素は**意味特徴**（semantic feature）あるいは**意味成分**（semantic component）とよばれている．例えば，英語の father の意味は（1）のように分析される．

　（1）father ＝〈男性〉＋〈一世代上〉＋〈直系〉

　〈　〉で示されている部分が意味特徴である．この分析が示していることは，father という語は，〈男性〉，〈一世代上〉，〈直系〉という特徴をすべてもった対象に適用することができるということである．つまり，これら3つの特徴それぞれが，father という語を使用する際の必要条件であり，3つの特徴がすべてそろって必要十分条件となる．

　このように，語の意味を構成している意味特徴は，語の使用条件と考えることができるが，他の語との意味の「差異」を表していると考えることもできる．（1）の father の意味と比較しながら（2）の親族名称の意味を考えてみよう．

　（2）mother ＝〈女性〉＋〈一世代上〉＋〈直系〉
　　　　son ＝〈男性〉＋〈一世代下〉＋〈直系〉
　　　　uncle ＝〈男性〉＋〈一世代上〉＋〈準直系〉

　father と mother は〈一世代上〉，〈直系〉という意味特徴を共有しているが，〈男性〉，〈女性〉という特徴が異なっている．father と son は〈男性〉，〈直系〉という意味特徴を共有しているが，〈一世代上〉，〈一世代下〉という特徴が異なっている．father と uncle は〈男性〉，〈一世代上〉という意味特徴を共有しているが，〈直系〉，〈準直系〉という特徴が異なっている．このように，語の意味を規定している意味特徴は，その語の必要十分な使用条件を表していると同時に，他の語との意味の差異を表しているともいえる．このような理由から語の意味特徴は**示差的特徴**（distinctive feature）とよばれることもある．

　語の意味は他の語との差異から生ずるという考え方は，スイスの言語学者フェルディナン・ド・ソシュール（Ferdinand de Saussure）が提唱した**構造主義**（struc-

turalism）という考え方に基づいている．構造主義の中心的な考え方は，言語の
要素の価値はそれ自体で絶対的に決まるものではなく，他の要素との差異から生
ずる対立関係によって相対的に決まるというものである．このような構造主義の
考え方に基づく意味論は，**構造意味論**（structural semantics）とよばれる（Lyons
1977: 230-335）.

　構造主義的な意味論では，語の意味とみなされるのは，語と語の区別に貢献す
る特徴だけである．例えば father の場合であれば，それは〈男性〉,〈一世代上〉,
〈直系〉という特徴である．〈家計を支える〉,〈会社に行く〉,〈子供に厳しい〉,〈ス
ーツを着る〉といった特徴は，多くの father には当てはまるであろうが，すべて
の father に当てはまるわけではない．したがって，これらの特徴は father を他の
語と区別する特徴ではなく，言語外的な百科事典的知識なので，語の意味には含
まれないとされる．

◇ 2.4　プロトタイプ理論

　前節では，古典的カテゴリー論とそれに基づく構造主義的な意味論について見
た．この古典的理論は古代ギリシャの時代から約 2000 年にわたって，哲学，心理
学，言語学，人類学などの分野において支配的なカテゴリー観であったが，20 世
紀になって，批判的な検討がなされるようになった．その代表的なものを見てい
こう．

　最初は，哲学者ルートヴィッヒ・ウィトゲンシュタイン（Ludwig Wittgenstein）
による反論である．彼は，*Philosophical Investigations* という著作において，ドイ
ツ語の Spiel という語が表すカテゴリーについて論じている（Wittgenstein 2009）.
（同書に含まれている英訳版では Spiel は game と訳されているが，それらの語が
さす範囲は厳密には異なる．）

　Spiel には，ボードゲーム，カードゲーム，球戯，競技などが含まれるが，壁に
向かってボールを投げて，跳ね返ってくるボールを取る遊戯や，皆で輪になって
歌う遊戯も Spiel である．古典的カテゴリー論によれば，Spiel を定義する必要十
分条件があるはずである．しかしウィトゲンシュタインは，Spiel のすべての成員
に共通する属性は存在しないと主張する．もしそうであれば，このカテゴリーを
定義する必要十分条件も存在しないことになる．

　一見するとこれらの成員には，〈娯楽性〉,〈勝ち負け〉,〈運〉,〈技術〉といった

共通の要素が含まれるように思われるが，それらは Spiel の一部の成員には当てはまるものであり，すべての成員に当てはまるわけではない．例えば，真剣勝負のオリンピックの競技には〈勝ち負け〉，〈技術〉といった要素が含まれるが，〈娯楽性〉が含まれるとは言い難い．ボードゲームには〈勝ち負け〉，〈娯楽性〉はあるが，〈技術〉というよりもサイコロの目の出方という〈運〉で勝敗が決まるものも多い．子供が壁にボールを投げて，跳ね返ってきたボールを取る遊戯や，子供が輪になって歌を歌う遊戯には〈娯楽性〉はあっても〈勝ち負け〉という要素はない．

ウィトゲンシュタインは，Spiel のすべての成員は共通属性ではなく**家族的類似性**（family resemblance）によって統合されていると主張する．家族的類似性とは次のようなものである．父，母，息子，娘，祖父，祖母といった家族の成員はお互いに似ている．しかし，父と息子は顔立ちが似ているが，息子と娘は性格が似ているというように，個々の成員どうしの類似の仕方は様々である．この他にも，体格，目の色，歩き方，性格など，個々の成員どうしが共有している特徴は様々あるが，すべての成員が共有している属性はない．このような一つの家族の成員間に形成されている複雑な類似性のネットワークを家族的類似性という．

ウィトゲンシュタインによると，Spiel もすべての成員が共有する属性は存在しないが，成員 A と成員 B はある属性を共有し，成員 B と成員 C は別の属性を共有し，成員 C と成員 A はさらに別のという属性を共有するという形で，すべての成員が複雑な類似性のネットワーク（家族的類似性）を形成し，一つのカテゴリーとして統合されている．さらにウィトゲンシュタインは，どこまでが Spiel で，どこから Spiel といえなくなるのかは明確ではないため，Spiel というカテゴリーの境界線を示すことはできないということも指摘している．

古典的カテゴリー論に対する反論は，社会言語学者ウィリアム・ラボヴ（William Labov，ラボフと表記されることもある）による cup というカテゴリーについての研究にも見られる（Labov 1973）．ラボヴは，複数の研究協力者に図 2.1 のような様々な形の容器の絵を見せ，それをどのような名前でよぶかを尋ねた．その結果は，図 2.1 の 1 の容器のように「上部の幅と深さが等しい」，「断面が丸い」，「底に向かって細くなる」，「取っ手が一つある」という特徴を持った容器が最も高い確率で cup とよばれた．そして，2 や 3 のように容器の深さに対する幅の比率が大きくなるにつれて bowl とよぶ人が多くなり，6 や 7 のように幅に対する深さの

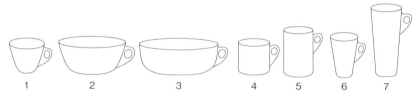

図 2.1　様々な cup 状の容器
（Labov（1973: 354）より一部を改変し抜粋．実際の実験では，ラボフは 19 種類の図を用いている．）

比率が大きくなるにつれて vase とよぶ人が多かった．また，4 や 5 のように上部と底が同じ幅の容器は，cup よりも mug とよぶ人が多かった．さらに，容器の中に食べ物や飲み物が入っていることを想像してもらったうえでその名前を尋ねると，どのような形の容器であっても，スープやマッシュポテトよりもコーヒーが入っていることを想像した場合に，cup と答える人が多かった．

　ラボヴの研究が示している重要な点は，古典的カテゴリー論が前提としているカテゴリー間の明確な境界線が，cup と bowl，vase，mug の間には存在しないということである．容器の上部の幅と深さが等しければ，それは問題なく cup とよばれるが，幅と深さの比率が変わっていくと，bowl や vase など別の容器の名称で呼ばれる割合が徐々に高くなっていく．つまり，容器が cup とよばれるために必ず必要な比率があるのではなく，cup とよばれる割合が高まる比率の範囲があるということである．また，上で挙げた「取っ手が一つある」，「コーヒーを飲むため使われる」などの，人がある容器を cup とよぶ可能性を高める要因は，カテゴリーを定義するための必要十分条件ではない．「取っ手が一つある」という特徴は，あるものが cup とよばれる可能性を高めるが，その特徴がない容器でも cup とよばれることはある．つまり，cup というカテゴリーを定義するための明確な必要十分条件は存在しないのである．

　次に，心理学者エレノア・ロッシュ（Eleanor H. Rosch）によるカテゴリーについての実験的な研究を見てみよう（Rosch 1973）．ロッシュは，fruit, science, sport, bird, vehicle, crime, disease, vegetable という 8 つのカテゴリーについて，それぞれ 6 つの成員の名前を研究協力者に提示し，それらの成員がカテゴリーの事例としてどの程度よいかということを，very good fit から very poor fit までの 7 段階で判断してもらった．研究協力者は 113 名のアメリカの大学生であった．最も高い評価である very good fit を 1，最も低い評価である very poor fit を 7 とし

表 2.1 カテゴリーの成員としてのふさわしさ
(Rosch (1973: 133) の Table 3 に基づいて筆者作成)

category	Fruit	Bird	Vehicle	Vegetable
Member	apple 1.3	robin 1.1	car 1.0	carrot 1.1
	plum 2.3	eagle 1.2	boat 2.7	asparagus 1.3
	pineapple 2.3	wren 1.4	scooter 2.5	celery 1.7
	strawberry 2.3	chicken 3.8	tricycle 3.5	onion 2.7
	fig 4.7	ostrich 3.3	horse 5.9	parsley 3.8
	olive 6.2	bat 5.8	skis 5.7	pickle 4.4

た場合の評価の平均値は表 2.1 の通りであった.

　表 2.1 から分かることは，カテゴリーの個々の成員は，同等の地位にあるのではなく，典型性という点で違いがあるということである．例えば，fruit のカテゴリーにおいては，apple が他のどの fruit よりもよい事例（fruit らしい fruit）であるとみなされている．このように，カテゴリーの中で最もよい事例とみなされる成員，つまり最も典型的な成員を**プロトタイプ**（prototype）とよぶ．

　では，典型性はどのように決まるのであろうか．アメリカにおける bird のプロトタイプである robin（コマツグミ）は，〈空を飛ぶ〉，〈くちばしがある〉，〈羽毛がある〉，〈翼がある〉，〈二本足である〉，〈メスは卵を産む〉，〈さえずる〉，〈体が小さい〉，〈流線形の体型〉などの属性をもっている．このようなプロトタイプの属性は，そのカテゴリーのすべての成員に共通する特徴ではなく，一般的にカテゴリーの成員ならばもっていることが期待される特性である．なぜならば，たとえある robin が病気やけがで空を飛べなくなったとしても，robin であることに変わりはないからである．そして，このようなプロトタイプの属性をどの程度もっているかによって，すなわち，プロトタイプとの類似性の程度によって，カテゴリーの成員の典型性が判断される．例えば eagle は，これらの属性のうち〈体が小さい〉以外のすべての属性をすべてもっているが，ostrich は〈体が小さい〉だけでなく〈空を飛ぶ〉や〈さえずる〉という属性をもっていない，したがって，eagle は ostrich よりも典型性の高い bird であるとみなされるのである．

　カテゴリーの中には cup や mug のように境界線がファジーなものもあれば，even number（偶数）や odd number（奇数）のように必要十分条件（偶数は「2 で割り切れる整数」，奇数は「2 で割り切れない整数」）で定義することができ，境界線が明確なカテゴリーもある．しかし，境界線が明確なカテゴリーでも，成員

間の典型性の違いが見られる．シャロン・リー・アームストロングらの実験的な研究によると，研究協力者たちは 34 や 106 よりも 4 や 8 のほうが even number の成員としてよい事例と判断し，501 や 477 よりも 3 や 7 のほうが odd number の成員としてよい事例と判断したとのことである（Armstrong et al. 1983）.

　bird の成員間には典型性の違いが見られるが，カテゴリーの境界線は明確であり，普通私たちは目の前にいる動物が鳥であるかどうかについて迷うことはない．これは，bird のカテゴリーが〈くちばしがある〉，〈二本足である〉という必要十分条件で一応定義できるからだと考えられる．しかし私たちは目の前の動物を bird としてカテゴリー化する際に，この 2 つの特徴だけに注目しているのだろうか．そのようなやり方は，私たちの日常的なカテゴリー化の方法と合致しないと思われる．むしろ私たちは，様々な特徴（外見，大きさ，動き，鳴き声など）に注目し，bird のプロトタイプと十分に類似していると思えば，その動物を bird としてカテゴリー化していると考えられる．

　前節で述べたように，古典的カテゴリー論では，どのような成員でも同等の地位でカテゴリーに属しているとみなされるので，典型的な成員すなわちプロトタイプは存在しない．また，すべてのカテゴリーは必要十分条件で定義されるので，カテゴリー間の境界線は常に明確である．しかし，本節で述べたラボヴやロッシュらの研究により，このような古典的理論の考え方は正しくないことが明らかになったのである．

◇ 2.5　プロトタイプ意味論

　前節で見たカテゴリー化に関するプロトタイプ理論は，認知言語学における言葉の意味の研究にも応用されている．プロトタイプの概念を導入した意味研究は**プロトタイプ意味論**（prototype semantics）とよばれている．その一つの例として，言語学者ジョージ・レイコフによる mother という語の意味分析を見てみよう（Lakoff 1987: 74-76）．レイコフは，言語表現が表す意味は，日常生活での様々な経験を通して得られる知識すなわち概念によって構成されると考えている．このような知識は，フレーム，概念領域，認知領域などとよばれることもあるが，レイコフは**理想認知モデル**（idealized cognitive model）とよんでいる．mother という語は複数の意味をもつ多義語であり，その中の中心的な意味は，(3) のような複数の理想認知モデルの集合体で構成されている．

(3) 出産モデル：出産する人が mother である.
　　遺伝モデル：遺伝物質を提供する人が mother である.
　　養育モデル：子供を育て養う大人の女性がその子供の mother である.
　　結婚モデル：父親の妻が mother である.
　　家系モデル：最も近い女性の先祖が mother である.

　これらの知識は一般的に mother に期待される特徴であり，例えば，子供の養育を放棄した場合など，一部の特徴が当てはまらない人でも mother とよばれることはある．つまりこれらは mother について単純化，理想化された知識（モデル）である．そしてこのような，複数のモデルから構成されている概念は**集合体モデル**（cluster model）とよばれている.

　(3) の5つのモデルは，mother のプロトタイプ的意味を規定するものであり，mother という語を正しく使うための必要十分条件ではない．現代では生活様式や価値観の変化，科学技術の進歩によって，これらのモデルの一部だけが当てはまる人も mother とよばれている．例えば，mother が代理母を意味する場合は出産モデルだけと一致しており，卵を提供した母を意味する場合は遺伝モデルだけと一致している．また，mother が女の里親や養母を意味する場合は養育モデルだけと一致し，継母を意味する場合は結婚モデルだけと一致している．つまり，(3) のモデルはすべての mother が共有している特徴ではないので，これらの特徴の一部をもたない人でも mother とよばれることはある．通常は，文脈によってどの意味が意図されているのかが分かるが，曖昧さが生ずる可能性がある場合は，surrogate mother（代理母），donor mother（卵を提供した母），foster mother（女の里親），adoptive mother（養母），stepmother（継母）といった複合的な表現が使われる.

　以上のように，mother という語は (3) の5つのモデルの集合体として規定されるプロトタイプ的な意味と，それらのモデルの一つだけを基盤として派生した複数の周辺的な意味をもつ多義語である.

　mother の意味を，プロトタイプ意味論でうまく説明することができることを見たが，古典的カテゴリー論（およびそれを基盤としている構造主義的な意味論）が想定するような必要十分条件ではこの意味を十分に説明することはできない．なぜならば，普通の母（プロトタイプとしての母），代理母，卵を提供した母，女の里親，養母，継母のすべてに共通する属性は存在しないからである．普通の母

以外の mother は，普通の母になんらかの点で類似しているので mother とよばれ
ているのである．

◇ 2.6 基本レベルカテゴリー

　カテゴリーの構造には，上位の包括的なカテゴリーから下位の特殊なカテゴリ
ーまで，様々なレベルのカテゴリーがある．例えば，図 2.2 が示すように，furni-
ture にかかわるカテゴリーは，最も上位のレベルの artifact（人工物）から，最も
下位のレベルである dining-room chair, kitchen chair, dentist's chair まで様々な
レベルがある．このようなカテゴリー間の上下関係は，カテゴリー構造の縦軸と
いえる．一方，同じ上位カテゴリーに含まれる下位カテゴリーどうしの関係はカ
テゴリー構造の横軸である．これは例えば，furniture に含まれる table, chair,
bed の間の関係である．これら 2 つの軸によって，カテゴリーの階層構造が形成
されている（Taylor 2003: 48-49）．

　前節で述べたように，古典的カテゴリー論では，カテゴリーの成員は対等の資
格でそのカテゴリーに属しているとみなされる．それと同様に，古典的理論では，
カテゴリーの上下関係についても，より包括的あるいはより特殊という抽象度の

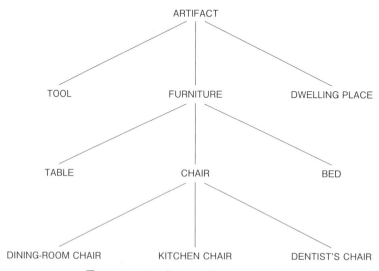

図 2.2　カテゴリー化の 2 つの軸（Taylor 2003: 49）

違いはあるが，どのレベルのカテゴリーも対等とみなされる．しかし，(4) の文を見てみよう．

(4) a. ここに来る途中で僕の後を［生物 / 動物 / 犬 / レトリバー / ゴールデン・レトリバー］がずっとついてきたんだよ．

   b. すべての［もの / 家具 / 椅子 / パイプ椅子］を片付けてください．

(4a) の場合，特に犬の種類に詳しい人でなければ，カッコ内で最も自然な言い方は「犬」であろう．また，(4b) の場合，その場に丸椅子や肘掛け椅子のようなパイプ椅子以外の椅子がなければ，最も普通の言い方は「椅子」であろう．カッコ内のどの表現を使っても，間違ったことを言っているわけではない．しかし，カテゴリーの階層構造には，中立的なコンテクストで最も普通に使われるレベルのカテゴリーが存在するのである．

このような特別なレベルにあるカテゴリーを**基本レベルカテゴリー**（basic level category）という．(4a) では「犬」，(4b) では「椅子」が基本レベルカテゴリーである．図 2.2 の furniture に関するカテゴリー構造では，table, chair, bed のレベルが基本レベルカテゴリーである．なお，人がもっているカテゴリーについての知識の量によっては，基本レベルが変わることもありうる．例えば，(4a) の場合，犬に詳しい人ならば「レトリバー」が基本レベルになることもある．

カテゴリーの階層構造の中で特別なレベルである基本レベルカテゴリーは，次のような認知的，言語的な特徴をもっている．まず，それは私たちが最もイメージしやすいレベルである．例えば犬の絵を描くように求められた場合，私たちは犬一般のイメージを思い浮かべ，それを描くことができる．しかし，基本レベルより上位のレベルのカテゴリーである生物や動物についてはどうだろうか．それらはあまりにも多様な成員を含むカテゴリーであるため，生物一般，動物一般のイメージを浮かべようとしても，結局は犬や猫など特定の動物のイメージしか思い浮かべることができない．また，基本レベルより下位のレベルのカテゴリーである柴犬と秋田犬のイメージを明確に区別して思い浮かべることは，犬に詳しい人でなければ難しいだろう．

また，(4) の例文が示しているように，中立的なコンテクストにおいて何かをさす際には，このレベルのカテゴリーを表す語を用いるのが最も普通である．そして言語習得の面では，子供が最初に習得するのが基本レベルの語である．例えば，英語話者の子供は animal という語より dog あるいは幼児語の doggie を先に

習得する（松本・井上 2003: 265）．語の形態的な面では，基本レベルの語は構造が単純であり，単一の形態素で構成されている．その一方で，下位レベルの語は，kitchen chair のように，複合語になったり修飾語が付いた語になったりすることが多い．また上位レベルの語は，形態統語論的に変則になることがある．例えば，furniture は不可算名詞として使われ，a furniture や furnitures になることはない（Taylor 2003: 51）．

　では，なぜ基本レベルカテゴリーが私たちにとって特別なカテゴリーになっているのだろうか．上位カテゴリー（例えば furniture）は，あまりにも多様な成員が属しているため，カテゴリーが与えてくれる情報が漠然としすぎており，下位カテゴリー（例えば kitchen chair や dining chair）は他のカテゴリーとの違いが小さすぎて区別しにくい．その中間にある基本レベルカテゴリーが，私たちにとって最も情報量が多く，使いやすいため，認知的，言語的に特別な地位が与えられているのである．

📖 練習問題

　カテゴリーは言語によって異なることがある．例えば，英語で rice がさす対象を，日本語では「米」，「稲」，「ご飯」，「ライス」のように細かく区別する．また，日本語で「椅子」がさす対象を，英語では chair, stool, sofa, couch, bench などに区別する．そして，日本語の「わび」，「さび」と同じ意味をもつ語は英語にはない．英語と日本語が表すカテゴリーの違いを調べ，そのような違いが生ずる原因を，文化，社会などの面から考えてみよう．

📖 実例で学ぶアクティブラーニング課題

　皆さんの心の中にあるカテゴリーはどのようなものだろうか．1つのカテゴリーを選んで，その概念（プロトタイプや成員などカテゴリーに関するあらゆる知識）を書きだし，友達や英語話者がもっている同じカテゴリーの概念と比較してみよう．そして，概念の違いがコミュニケーションにどのような影響を与えるか考えてみよう．

📚 文献案内

- Lakoff, George（1987）. *Women, fire, and dangerous things: What categories reveal about the mind.* University of Chicago Press.（池上他訳（1993）『認知意味論』紀伊国屋書店.）

　古典的カテゴリー論にとって代わる，家族的類似性，プロトタイプ，イメージ・スキーマなどの概念を取り入れた新しいカテゴリー論について詳細に論じている．後半部分では，新しいカテゴリー論を anger の概念構造，over の多義性，there 構文の意味の分析に適用し，それらが放射状カテゴリーを形成していることを示している．

- Taylor, John R.（2003）*Linguistic categorization.* Third edition. Oxford University Press.（辻幸夫・鍋島弘治朗・篠原俊吾・菅井三実（訳）（2008）『認知言語学のための 14 章（第三版）』紀伊國屋書店.）

　必要十分条件でカテゴリーを規定する古典的カテゴリー論の問題点を指摘し，その代案としてプロトタイプの概念を導入したカテゴリー論を提示している．そして，プロトタイプ理論が多義性，形態論，統語論，音韻論，言語習得など言語学の様々な研究分野に応用できるということを，数多くの事例を用いて示している．

- 國廣哲彌（編）（1981）『日英語比較講座 第 3 巻　意味と語彙』大修館書店.

　動詞，名詞，機能語など様々な語の意味の日英語比較研究．語の意味の文化面の比較や，外来語と原語の意味比較も扱われている．言葉で表現されたカテゴリーの日英語比較として読むことができる．

📎 コラム 2　カテゴリー化の身体的・文化的基盤

　日本語で「指」は手と足の先端にある 5 本に枝分かれした部分をさすが，英語の finger は，手の親指をのぞく 4 本の指（ときに親指を含む 5 本の指）をさす．そして手の親指は thumb であり，足の指は finger ではなく toe である．なぜ日本語と英語でこのようなカテゴリー化の違いがあるのだろうか．その明確な理由を挙げることは難しい．英語の finger, thumb, toe の区別は形態，機能，位置の違いに基づく区別だと考えられるが，日本語にそのような語の区別がない以上，それが人間にとって必然的で絶対に必要な区別というわけでもない．したがって日本語と英語にこのようなカテゴリー化の違いがあるのは，それぞれの言語文化の社会的慣習つまり恣意的な取り決めとしてそうなっているとしかいいようがない．

　しかしすべてのカテゴリー化が恣意的というわけではなく，なんらかの動機づけを見出すことができる事例もある．例えば，多くの言語文化に見られる「上・下」，

「前・後」,「遠・近」などのイメージ・スキーマ(第8章参照)に基づくカテゴリーは,物体の落下,人間の身体の非対称性,移動に要する時間といった,日常の身体経験が基盤になっていると考えられる.

　また鈴木(2000: 307-312)は,日本語,英語,トルコ語の家畜語彙を比較し,英語では羊,牛,馬,豚といった家畜の雄,雌,仔,肉などが別々の名称をもっていることを指摘している.例えば牛の場合,総称は ox,未去勢の雄は bull,去勢済の雄は ox あるいは bullock,雌は cow,未産雌は heifer,仔は calf,肉は beef,仔牛の肉は veal である.日本語にも「羊」,「牛」,「馬」,「豚」といった家畜を表す語彙はあるが,上記のような区別を英語のように一語で表すことはなく,それを表すには「雄牛」,「雌牛」,「仔牛」,「牛肉」のように,基本語(総称)である「牛」に「雄」,「雌」,「仔」,「肉」などの語を加えて合成語で表現するしかない.トルコ語では,羊,牛,馬,山羊に関する名称が英語よりもさらに細かく分かれており,総称,未去勢の雄,去勢済の雄,雌,若雄,未産雌,離乳児,乳児が別々の名称でよばれる.

　このような日本語,英語,トルコ語の名称の違い,すなわちカテゴリー化の違いの原因は,文化の中に求めることができる.江戸時代まで家畜を食べる伝統がなかった日本に対して,イギリスやトルコは伝統的に牧畜の文化であり,日常生活の中で食肉や乳製品に依存する度合いが高かった.家畜への依存度が高い生活をする文化では,動物を性別や年齢,用途などの点で頻繁に区別する必要があるため,それぞれの特徴をもつ動物が一つのカテゴリーとして分類され,それらに個別の名称が与えられたと考えられる.

　以上のように,人間のカテゴリー化の営みは,完全に恣意的なものではなく,身体的・文化的な動機づけが存在する場合も多い.

■文　献

Armstrong, Sharon Lee, Lila R. Gleitman, and Henry Gleitman (1983) What some concepts might not be. *Cognition* **13**: 263-308.

Labov, William (1973) The boundaries of words and their meanings. In: Charles-James N. Bailey and Roger W. Shuy (eds.) *New ways of analyzing variation in English*, 140-173. Georgetown University Press.

Lakoff, George (1987). *Women, fire, and dangerous things: What categories reveal about the mind.* University of Chicago Press. (池上嘉彦・河上誓作・辻幸夫・西村義樹・坪井栄治郎・梅原大輔・大森文子・岡田禎之(訳)(1993)『認知意味論』紀伊國屋書店.)

Lyons, John (1977) *Semantics*. Volume I. Cambridge University Press.

松本曜・井上京子（2003）「第 6 章　意味の普遍性と相対性」松本曜（編）『シリーズ認知言語学入門〈第 3 巻〉認知意味論』251-29. 大修館書店.

Rosch, Eleanor H. (1973) On the internal structure of perceptual and semantic categories. In Timothy E. Moore (ed.) *Cognitive development and the acquisition of language*. Academic Press.

鈴木孝夫（1973）『ことばと文化』岩波書店.

鈴木孝夫（2000）『教養としての言語学　鈴木孝夫著作集 6』岩波書店.

Taylor, John R. (2003) *Linguistic categorization*. Third edition. Oxford University Press.（辻幸夫・鍋島弘治朗・篠原俊吾・菅井三実（訳）（2008）『認知言語学のための 14 章〈第三版〉』紀伊國屋書店.）

Wittgenstein, Ludwig（2009）*Philosophische Untersuchungen = Philosophical investigations*. Forth edition.（Translated by G. E. M Anscomb, P. M. S. Hacker and Joachim Schulte）Blackwell.（藤本隆志（訳）（1976）『ウィトゲンシュタイン全集 8　哲学探究』大修館書店.）

事 態 把 握
─状況の捉え方と言語表現─

Construal

●**実例に触れて考えてみよう**

　　　　　"I just tried to call you because I noticed your lamp was on."
これは，ある英語母語話者から送信されてきたメールの冒頭部分である．
「電話をかけた」のか，「電話をかけようとした」のか？　彼女がどういう行動をとっていたと想定されるか考えてみよう．

　2020 年，新型コロナウイルス感染症が猖獗を極め，私たちの生活は一変した．新しく大きな社会変化は言語にもすぐに波及するのが常で，3 密（Three Cs），マスク警察（mask vigilantes），黙食（silent eating）といった新しい言語表現が数多く生み出された．その数は，世界中で 1,000 をこえるという．

　ところで，緊急事態宣言下，あるテレビ番組で公共交通機関がいかに閑散としているかを伝えるため，がらんとしたバス車内でリポーターが「ご覧ください．誰も乗っておりません」と話している場面を見た．運転士以外，たしかに誰も乗っていないように思えるのだが…はたしてこのリポーターとカメラマンはいったいどこにいるのだろうか．おそらく，どちらもバス車内にいるようには思われるのだが，なぜ「誰も乗っておりません」と表現されたのだろうか．

　本章では，状況の捉え方と言語表現の関係について考えていこう．

◇ 3.1　どこからどこを見ているか─視点の問題─

　言語表現には，常に**視点**（perspective）が付きまとうといっても過言ではない．以前，講義中に「ここら辺は上り坂と下り坂，どっちが多い？」と問いかけたところ，ある学生が「上り坂でしょうね．家出るとすぐに上り坂があって，毎日大変なんです」と答えてくれた．その方は，いったいどのように帰宅しているのか

と不思議に思った記憶がある.

　同一の斜面であっても，下から見ていれ
ば「上り坂」，上から見ていれば「下り坂」
と言語表現が変わる(図3.1).そのため(特
別な条件がない限り)上り坂も下り坂も数
は同じということになる.

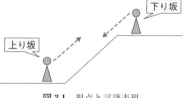

図 **3.1**　視点と言語表現
"坂" の場合

(1) The glass is half full.

(2) The glass is half empty.

　例文 (1) と (2) はどのような「見え」が潜んでいるだろうか.客観的には同じ
グラスを見ていても，ワインが苦手な人なら「まだ半分もある」(= (1))，ワイ
ンは好きだが飲み過ぎないように毎日1杯に制限している人なら「もう半分しか
ない」(= (2)) と表現するのではないだろうか.要するに，話し手の見え，すな
わち状況の捉え方が言語表現には反映されているということになる.

◇ 3.2　言語によって異なる好まれる視点

　話者の「見え」が言語表現には反映されるが，言語によって「好まれる視点の
取り方」が異なることも知られている.池上 (2006) をはじめ，よく取り上げら
れる川端康成『雪国』の冒頭箇所とその英訳を題材に確認してみよう.

(3) 国境の長いトンネルを抜けると雪国であった.

(4) The train came out of the long tunnel into the snow country.　(E. Seidensticker 訳)

　筆者・川端康成は，いったいどこにいると考えられるだろうか.つまり，どう
いう見えでもって書かれているのか，という視点に関する問いである.日本語母
語話者に原文の (3) を提示すると，およそ「川端は列車の中にいる」という回答
が返ってくる.一方，英語母語話者に翻訳 (4) を提示すると，およそ「川端は列
車の外にいる」「トンネルの出口が見えるところにいる」と異なる回答になること
が多い.原文とその翻訳という，本来的には同じはずのものであっても言語表現
から読み解かれる視点の位置が異なるのは一体どういうことなのだろうか.おそ
らく状況の捉え方，すなわち**事態把握** (construal) の仕方が異なるのだと思われ
る.

　<u>主観的把握</u>（subjective construal）：
　話者は問題の事態の中に自らの身を置き，その事態の当事者として体験的に事態把

　(a)　日本語での視点（臨場的・体験的視点）　(b)　英語での視点（全体的・非体験的視点）

図3.2　日英語で異なる「好まれる視点」

（中島秀之先生（札幌市立大学）作画，http://ithoudan.cocolog-nifty.com/blog/000_4/index.html）

握をする—実際には問題の事態の中に身を置いていない場合であっても，話者は自らがその事態に臨場する当事者であるかのように体験的に事態把握をする．

客観的把握（objective construal）：

話者は問題の事態の外にあって，傍観者ないし観察者として客観的に事態把握をする—実際には問題の事態の中に身を置いている場合であっても，話者は（自分の分身をその事態の中に残したまま）自らはその事態から抜け出し，事態の外から，傍観者ないし観察者として客観的に（自己の分身を含む）事態を把握する．

（池上2011: 52）

　一言でいえば，主観的把握とは，話し手の見えそのもので状況を捉えること，客観的把握とは俯瞰的に事態を把握するということである．つまり，(3) は列車の中にいる視点，すなわち主観的把握に基づく一方，(4) は列車の外にいる俯瞰的視点，すなわち客観的把握に基づく表現だといえる．

　臨場的で体験的な視点で語っている (3) の場合，事態を把握する当人は視界に収まらない．一方で，(4) では原文には表現されていない "train" が言語化されているが，それは場面を俯瞰的に捉えているからだと考えられるのである（図3.2）．

◇3.3　同じ状況を表現するにもこんなに違う日本語と英語

　一般的に，日本語は主観的把握，英語は客観的把握を好む言語だといわれている．言語によって異なる「好まれる視点」が表現の相違を生んでいることを，次

の例で確認してみよう.

(5a) ここはどこですか？

(5b) Where am I ?

(6a) 星がいくつか見える.

(6b) I see several stars.   (池上 2006: 162-163)

(5a) は，道に迷った本人がきょろきょろしながら見えを言語化したものである.そのため，場所を表す「ここ」が言語化されているほか，自分自身は意識に入っていないため「私」にあたる語彙は用いられていない.つまり，主観的把握に基づく表現だといえる.一方 (5b) は，道に迷っている自分を，あたかも防犯カメラでモニタリングしているような捉え方，すなわち客観的把握に基づく文であり，自分自身も捉えられている見えであることから，主語には "I" が据えられている.(6a) と (6b) の相違も，同じ原理である.

(7a) (ここには) 誰もいません.

(7b) Nobody's here except me.   (池上 2006: 163)

電話で「その部屋，いま誰かいる？」と聞かれたときの返答だと想定してみよう.日本語では，主観的把握，すなわち自分の目で捉えた状況を言語化する傾向にあるため，(7a) にはやはり「私」にあたる語彙は出てきていない.一方，英語では，客観的把握，すなわち自分自身を相対化して捉えた状況を言語化する傾向にあるため，"Nobody's here." では誰もいないことにはならない.「自分自身がいる」と事態が把握されるからだ.したがって，厳密に考えれば，(7b) のように "except me" が必要とされるのである.

◇ 3.4 俳句の味わい

ところで，俳句の英訳は数多くなされているが，日本語と英語では受ける印象がまったく異なるという.松尾芭蕉の有名な句とその英訳で考えてみよう.

(8a) 古池や　蛙とびこむ　水の音

(8b) The ancient pond
     A frog leaps in
     The sound of the water.

(8b) に対するアメリカの学生の反応は "So what? (だから何？)" というものであるという (池上 2006: 231).(8a) を読む日本語母語話者であれば，画趣をそ

そる句だと感じるのではないだろうか．蛙が 1 匹，古池に飛び込む様子をいきいきと想像でき，「ぽちゃん」という水の音も脳裏にこだまする．小さな音でも聞こえるくらい，辺りが静寂である感覚を覚えるのではないだろうか．まさに，臨場的・体験的な視点を好む日本語の話者は，状況の中に自らが入り込んで「静寂」や「趣き」を追体験しているような感覚であるといってもよい．ところが，英語母語話者の場合，全体的・非体験的な視点を好むため，遠くから出来事を眺めているような捉え方であり，あたかも防犯カメラでモニタリングしているような視点で描かれているため，臨場的な解釈が難しいのだと考えられる．

◇ 3.5　事態把握と志向性

　池上（1981, 2006）や唐須（1988）などで指摘されている通り，一見同じ意味を表していると思われる英語と日本語の動詞であっても，**アスペクト**（aspect）の観点から見ると意味が異なっていることがある．

(9a)　*John escaped, but soon got arrested.

(9b)　ジョンは逃げたけど，すぐに捕まった．

(10a) *John persuaded Mary to go to the meeting, but she didn't go.

(10b) ジョンはメアリーに会議に行くように説得したが，メアリーは行かなかった．

　(9) の escape と「逃げる」を比較してみると，escape は逃げるという行為が完了したこと，つまり「逃げ切った」ことを含意しているのに対して，日本語の

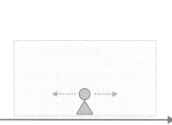
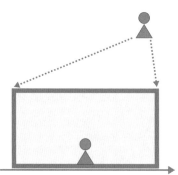

（a）　日本語の視点（主観的把握）
臨場的・体験的視点⇒原因も結果も見えない.

（b）　英語の視点（客観的把握）
全体的・非体験的視点⇒原因も結果も意識される.

図 3.3　主観的把握と客観的把握

「逃げる」は最終的な結果は含意されていない．(10) の persuade と「説得する」も同様で，英語で persuade が単独で使用された場合は，メアリーが会議に行ったという結果が含意されるのである．

　これには，先に見た主観的把握と客観的把握の好みが反映されていると考えられる（図 3.3）．主観的把握を好み，臨場的で体験的な視点を取る日本語の話者は，目の前の状況は容易に意識化されるが，行為の目的（原因）と結果という全体像は把握しづらく，行為の過程に意識が向くようである．一方，客観的把握をとりがちな英語の話者は，事態の全体像を捉える視点を好むことから，行為の目的（原因）も結果も意識の射程に収められ，結果として「結末を意識しがち」なのだと考えられる．

(11a) *John killed Bill, but Bill is still alive.

(11b) *ジョンはビルを殺したが，ビルはまだ生きている．

(12a) John invited Mary to the party, but Mary didn't come.

(12b) ジョンはメアリーをパーティーに招待したが，メアリーは来なかった．

　もちろん，英語の動詞すべてにこのような結果が含意されていて，日本語の動詞すべてに結果が含意されていないということではない．(11) の「kill／殺す」では両言語の動詞ともに結果を含意しているが，(12) の「invite／招待する」ではどちらも結果を含意しない．

　ここで重要なのは，両者で差異が観察される際には，表 3.1 にあるように結果を含意しているのは英語の動詞であり，対応する日本語の動詞は結果が含意されていないという点である（池上 (1992)，唐須 (1988) など）．英語の動詞はその行為が意図する結果までを含意するが，日本語は意図された結果ではなく，その行為（のプロセス）自体を注目しているということになる．

　このような結果を含意するか否かの違いは語レベルのものに限ったことではな

表 3.1　動詞のアスペクト（唐須 1988, 160）

動詞	行為に焦点	結果を含意
招待する / invite	日本語・英語	—
説得する / persuade	日本語	英語
手伝う / help	日本語	英語
逃げる / escape	日本語	英語
殺す / kill	—	日本語・英語

い．（13）にある英語の kick と kick at をそれぞれ比較してみると，（13a）ではジョンの足がドアにあたったことを含意するが，（13b）では必ずしもあたっている必要はない．

(13a) He kicked the door.

(13b) He kicked at the door.

また（14）にあるような場所が目的語で表現される容器所格構文（14a）と移動されるモノが目的語の位置に置かれて，場所が前置詞句で表現される内容所格構文（14b）では意味が異なる．（14a）では干し草でワゴンがいっぱいになっていることが含意されるが，（14b）ではワゴンの一部につまれているだけである．この影響が全体に及ぶのか，部分にとどまるのかも，結果に焦点が当てられているのか，行為（過程）に与えられているのかという対立と同等に考えてよい．

(14a) John loaded the wagon with hay.

(14b) John loaded the hay into the wagon.

英語には語，句，構文のいずれのレベルにおいても結果や全体的な影響性を含意する場合とそうでない場合を区別するための表現が用意されている一方で，日本語ではそのような区別を義務的に行う必要はなく，結果よりも行為のプロセスを表しやすいといわれている．またこれは言語構造のレベルにとどまることではなく，言語使用，つまり出来事を描写する際にどのような表現を用いて，出来事のどの部分を言語化するのかということにも現れるものである．私たちは無意識のうちに社会文化的な価値観に従って，事態の側面を取捨選択しながら表現しているのであるが，同じ出来事を記述する場合であってもこの結果志向と過程志向という特徴がそれぞれ英語と日本語には観察されるのである．

📖 練習問題

1. "We will soon reach the shore." と "We will soon reach the coast." はともに「私たちはまもなく海岸に着く」と訳されるが，どのような違いがあるか調べてみよう．

2. "Vanessa is sitting across the table." と "Vanessa is sitting across the table from me." では，どのような違いがあるか考えてみよう．

3. 「もっと頑張らなくっちゃ」という独り言は "You must work much harder." と英訳される．英語の独り言では，しばしば主語が二人称になることがあるが，それはなぜか考えてみよう．

📖 実例で学ぶアクティブラーニング課題

　「日本語の過程志向」「英語の結果志向」という志向性は，それぞれの文化圏において，言語以外にも容易に見出すことができる．日本では（仮に負けという結果になったとしても）「敢闘賞」や「努力賞」を授与することで（ある行為の）過程を評価することがある．一方，（日本のプロ野球とは異なり）アメリカの大リーグには引き分けはなく，勝敗が決するまで試合は終わらない．これは結果志向の表れであるといってよいだろう．このような志向性の違いが表れている言語以外の事例をできるだけ多く挙げてみよう．

📚 文献案内

- 池上嘉彦（2006）『英語の感覚・日本語の感覚：〈ことばの意味〉のしくみ』NHK ブックス．
　　主として認知言語学の観点から，英語と日本語の相違点・共通点が興味深い事例とともに論じられている．言語感覚の背後には，いったいどのような仕組みが働いているかを学ぶことができる．
- 出原健一（2021）『マンガ学からの言語研究：「視点」をめぐって』ひつじ書房．
　　マンガ学の研究成果を援用し，視点の観点から主観的把握や客観的把握に迫っている．分野横断的で学際的な書物であるが，初学者にも読みやすく書かれている．
- 花崎美紀（2007）「言語と文化の相同性」唐須教光編『開放系言語学への招待』pp.21-36，慶應義塾大学出版会．
　　本章で取り上げた主観的把握・客観的把握や相同性について，過不足なく明快な説明がなされており，論点の整理や復習として読むとよい．

📎 コラム 3　日本語と英語のマンガ比較にみる相同性

　相同性（homology）という語は，もともとは生物学において 19 世紀中頃から使用されるようになった概念であり，「言語構造や文化的構築物などにおいてみられる構造的並行性」のことである．池上（1999）は，この相同性の概念は言語学の諸分野ではあまり注目されてこなかった概念であるが，ホーキンズの**カテゴリー横断的調和**（cross-category harmony）やウォーフの**好まれる言い廻し**（fashions of speaking）に通ずるものであると述べている．

　ここでは，言語以外の**文化的構築物**（cultural constructions）の一事例として，マンガを取り上げてみよう．次のマンガ（図 3.4）は，イギリス・スコットランドの新聞 *The Sunday Post* 紙で人気を博した OOR WULLIE の一場面である．定点カ

図 3.4　OOR WULLIE（*The Sunday Post*, January 16, 1994, 部分）

メラで状況を全体的に捉えているような画になっていることに注目してほしい.

　インターネットでスヌーピーで有名な *The Peanuts* や子ども向け TV 番組として有名な *Sesame Street* といったマンガの描かれ方を見てみよう. おおかた，客観的把握と同等の視点の取り方になっており，英語という言語と，英語文化圏におけるマンガという文化的構築物の間の相同性が観察される.

　一方，日本のマンガは，視点が目まぐるしく入れ替わることが多い（図3.5）. これは，描き手が場面の中に入り込み，臨場的な視点で描いているからであり，日本語に特徴的な主観的把握と同等の視点の取り方になっているといえるだろう. 左下のコマに関しては，相手の視点に自らの視点を憑依させ，大変な勢いで迫ってきていることを臨場的に見せてくれるコマとなっている.

　このように，言語以外の文化的構築物にも，主観的把握や客観的把握の特徴を見出すことができるのは大変興味深く，事態把握の仕方が当該言語文化圏の話者の中に深く根を下ろしていることをうかがい知ることができるだろう.

図 **3.5**　『ドラゴンボール』第 11 巻 15 ページ（鳥山明著，集英社）

■文　献

池上嘉彦（1981）『「する」と「なる」の言語学』大修館書店.

池上嘉彦（1992）『詩学と文化記号論』講談社学術文庫.

池上嘉彦（1999）「'Bounded' vs. 'Unbounded' と 'Cross-category Harmony'（1）〜（24）」『英語青年』1999 年 4 月号〜2001 年 3 月号.

池上嘉彦（2002）『自然と文化の記号論』日本放送出版協会.

池上嘉彦（2011）「日本語と主観性・主体性」澤田治美（編）『ひつじ意味論講座 主観性と主体性』49-67，ひつじ書房.

唐須教光（1988）『文化の言語学』勁草書房.

第4章

松井真人

メタファー・メトニミー・シネクドキー

Metaphor, Metonymy and Synecdoche

●実例に触れて考えてみよう

　　　　次の2つの文は文字通りではない意味を含む比喩的な表現である．そ
　　　れぞれの意味を考えてみよう．また私たちはなぜこのような比喩的な表
　　　現を使うのか考えてみよう．

(1) Inflation is eating up our profits.　　(Lakoff and Johnson 1980: 33)

(2) The ham sandwich is waiting for his check.

(Lakoff and Johnson 1980: 35)

◇ 4.1　メタファーとは何か

　比喩と聞くと，それは詩や演説，劇などで使われる装飾的な表現であり，日常
のコミュニケーションとはあまり関係がないと考える人も多いであろう．確かに
比喩は，弁論や文学で使われることも多い．次に挙げるのは，イングランドの代
表的な劇作家シェイクスピアの作品『お気に召すまま』の一節である．ここでは
世界が舞台に，人が役者に喩えられている．

　　All the world's a stage,

　　And all the men and women merely players:

　　They have their exits and their entrances;

　　And one man in his time plays many parts,

　　His acts being seven ages.

(William Shakespeare, *As You Like It*, Act II, Scene VII, 139-143)

　　全世界が一つの舞臺，そこでは男女を問わぬ，人間はすべて役者に過ぎない，それ
　　ぞれ出があり，引込みあり，しかも一人一人が生涯に色ゞな役を演じ分けるのだ，
　　その筋は全場七つの時代に分たれる……

(『シェイクスピア全集9　お気に召すまま』福田恆存訳，新潮社)

このように，あるものをそれと類似した別のものに喩えて表現することを**メタファー**（隠喩：metaphor）という．では，次のような表現はどうであろうか．

(1) a. あの人の甘い言葉にだまされた．
　　 b. 新しい事業に一歩踏み出した．
　　 c. 怒りがこみ上げてきた．
　　 d. 喜びで心が満ち溢れた．

これらの表現はごく日常的な表現であり，芸術性や装飾性はまったく感じられない．しかしよく考えてみれば，実はこれらもすべてメタファーであり，(1a) では人を誘惑するような言葉の内容を甘味に喩えており，(1b) では出来事の進展を歩くことに喩えている．そして，(1c) では怒りを移動する物体に喩えており，(1d) では心を容器に，喜びという感情をその中身に喩えている．このように，弁論や文学の言葉だけでなく，日常のコミュニケーションでも数多くのメタファーが用いられている．

◇ 4.2　概念メタファー

メタファーなどのレトリック（効果的な表現の技法）は，古代ギリシャの時代から研究されているが，長年，弁論術における人を説得するための表現の技術，文学における芸術的表現の技術として研究されてきた（佐藤 1992: 20）．しかし1980 年代に，Lakoff and Johnson（1980）に端を発する認知的視点からの比喩研究がはじまった．認知的な比喩論の一つの主張は，上で見たように，メタファーは弁論や文学の言葉だけでなく日常の言葉の中に浸透しているということであるが，さらに重要な主張は，メタファーは言語だけに関係するのではなく，私たちの概念体系の多くの部分がメタファーによって成り立っているということである．別の言葉でいえば，私たちのものの見方，理解の仕方そのものがメタファーであるということである．この点を理解するために，(2) の例文を見てみよう．

(2) You're *wasting* my time. （君はぼくの時間を<u>浪費している</u>.）
　　 This gadget will *save* you hours. （この機械装置を使えば何時間も<u>節約できる</u>.）
　　 How do you *spend* your time these days? （この頃どんなふうに時を<u>使っている</u>の.）
　　 That flat tire *cost* me an hour. （あのパンクしたタイヤを修理するのに1時間<u>かかった</u>.）
　　 I've *invested* a lot of time in her. （彼女には随分時間を<u>さいてやったよ</u>.）

（Lakoff and Johnson 1980: 7-8; 渡部他訳 1986: 9）

（2）の各文の意味を，特に斜字体の動詞の意味に注意しながら考えてみよう．こ
れらの文はすべて，時間にかかわる事柄を述べているが，そこで使われている動
詞は，本来は金銭にかかわる事柄を述べるための動詞である．waste は文字通り
には「（お金を）浪費する」，save は「（お金を）蓄える，貯蓄する」，spend は
「（金額を）使う」，cost は「（金額が）かかる」，invest は「（お金を）投資する」と
いう意味である．（2）の各文は時間にかかわる事柄を金銭にかかわる事柄に喩え
るメタファーであるが，決して詩的な表現ではなく，ごく日常的な表現である．

　なぜ英語には時間を金銭に喩えるメタファーが数多くあるのだろうか．それは
英語話者が，時間の概念を金銭の概念に対応させて理解しているからである．概
念とは，私たちが心（脳）の中に蓄えている，様々な物事についての知識のこと
である．このような，ある概念を別の概念に関連づけて理解するという人間の認
知的な営みを，**概念メタファー**（conceptual metaphor）という．つまり概念メタ
ファーは「AはBのようなものだ」という形式の，慣習化した理解のパターンで
ある．認知言語学の文献では，英語文化の概念メタファーはA IS B のようにスモ
ールキャピタル（小文字と同じ大きさの大文字）で表記されることが多い．時間
の概念を金銭の概念に関連づけて理解する概念メタファーであれば TIME IS
MONEY と表記される。A IS B のうち，A は理解の対象となる概念であり，**目標領域**
（target domain）とよばれる．また B は A を理解するために用いられる概念であ
り，**起点領域**（source domain）とよばれる．したがって TIME IS MONEY という概念
メタファーは，「時間は金銭のようなものだ」という慣習的な理解の仕方である．
メタファーという用語は，この概念メタファーをさす場合もあるが，（2）の英語
の例文のような，概念メタファーの反映として生じた言語表現を指すこともある．
このような言語レベルのメタファーは，概念メタファーと区別して**メタファー表
現**（metaphorical expression）とよばれることがある（Lakoff 1993: 206-209）．

　英語話者は，TIME IS MONEY 以外にも数多くの概念メタファーを用いて様々な事
柄を理解している．概念メタファーのその他の例を，メタファー表現とともに見
てみよう．

（3）IDEAS ARE FOOD（考えは食べ物である）

　　There are too many facts here for me to *digest* them all.（あまりに事実が多すぎて，
　　私には全部を<u>消化し</u>きれない．）

I just can't *swallow* that claim.（その主張は<u>うのみには</u>できない.）

(Lakoff and Johnson 1980: 46; 渡部他訳 1986: 71)

(4) UNDERSTANDING IS SEEING（理解することは見ることである）

I *see* what you're saying.（おっしゃることが<u>見える</u>（＝わかる）.）

I *view* it differently.（私はそれを違ったふうに<u>見ている</u>（＝理解している）.）

(Lakoff and Johnson 1980: 48; 渡部他訳 1986: 77)

(5) LIFE IS A CONTAINER（人生は容器である）

I've had a *full* life.（私は<u>満ちた</u>（＝充実した）生活をしてきた.）

Life is *empty* for him.（彼にとって人生は<u>空っぽ</u>である（＝空しい）.）

(Lakoff and Johnson 1980: 51; 渡部他訳 1986: 85)

(3) は「考え」を「食べ物」に,(4) は「理解すること」を「見ること」に,(5) は「人生」を「容器」に見立てて理解する概念メタファーである.

　概念メタファーは,言語表現ではなく知識のレベルのメタファーであり,物事の捉え方,理解の仕方なので,私たちの思考や行動にも影響を及ぼす.例えば,時給,週給,月給という形で賃金が支払われたり,電話の通話に対して時間単位で課金されたり,年毎にローンの利息が発生するのは TIME IS MONEY という概念メタファーの反映であると考えられる（Lakoff and Johnson 1980: 8).

◇ 4.3　複数の概念メタファーによる多面的な理解

　概念は必ずしも一つの概念メタファーだけで理解されるのではない.複数の概念メタファーで多面的に理解される場合も多い.前節で TIME IS MONEY という概念メタファーを見たが,英語文化には時間に関する (6) の概念メタファーもある.

(6) TIME IS A MOVING OBJECT（時間は動いている物体である）

The time will come when...（〜する時がやってくるだろう.）

The time for action has arrived.（行動を起こすときがやってきた.）

(Lakoff and Johnson 1980: 42; 渡部他訳 1986: 64)

この概念メタファーには,未来が私たちの方向に向かって動いているという認識が含まれている.その一方で (7) のように,時間は静止しており,私たちが時間の中を移動するという認識の仕方が反映した概念メタファーもある.

(7) TIME IS STATIONARY AND WE MOVE THROUGH IT（時間は静止物体である.われわれが時間の中を移動していく）

As we go through the year, ...（われわれが年の中を通りすぎるにつれて（＝年を経

るにつれて）〜）

We're approaching the end of the year.（われわれは年の終わりに近づいている（＝
年末が近づいてきた）.）　　　　　（Lakoff and Johnson 1980: 43-44; 渡部他訳 1986: 66-67）

◇ 4.4　概念メタファーの成立基盤

　概念メタファーの仕組みをもう少し詳しく見ていこう．概念メタファーは，目
標領域と起点領域という2つの概念が私たちの心の中で結びついたものである．
前節で述べたように，目標領域を起点領域に基づいて理解することが概念メタフ
ァーの機能なので，目標領域は，起点領域よりも抽象的で私たちにとって理解し
にくい物事や経験に関する概念であり，起点領域は，より具体的で私たちにとっ
て理解しやすい物事や経験に関する概念である．例えば，時間と金銭を比較する
と，時間は抽象的で分かりにくい対象であるが，金銭は具体的で身近で分かりや
すい対象である．そして起点領域内の要素を目標領域内の要素に対応させること
によって，目標領域が理解される．このような，2つの概念に含まれる要素どう
しを対応させることを**写像**（mapping）という．（8）の LOVE IS A JOURNEY という
概念メタファーの写像について考えてみよう．

（8）LOVE IS A JOURNEY（恋愛は旅である）

　　We're *at a crossroads.*（二人は岐路に立っている．）

　　We'll just have to *go our separate ways.*（別々の道を行かなければならなくなるだろ
　　う．）

　　We can't *turn back now.*（ぼくらはもう引き返せない．）

　　We're just *spinning our wheels.*（ぼくらは車輪を空回りさせているだけだ．）

　　　　　　　　　　　（Lakoff and Johnson 1980: 44-45; 渡部他訳 1986: 68）

この概念メタファーの起点領域である旅は移動の一種なので，その概念の中に「起
点-経路-到達点」という構造をもつ経路のイメージ・スキーマが含まれていると
考えられる（イメージ・スキーマについては第8章を参照）．一方，恋愛の概念の
中には「出会い-過程-結婚」という構造があるため，これら2つの構造の間に類
似性が見出され，経路のイメージ・スキーマが恋愛の構造へと写像される．それ
に伴って（9）のように起点領域のその他の要素も目標領域の要素へと写像される．

（9）The lovers correspond to travelers.（恋人は旅人に対応する．）

　　The love relationship corresponds to the vehicle.（恋愛関係は乗り物に対応する．）

The lovers' common goals correspond to their common destinations on the journey.
（恋人たちの共通の目的は旅の共通の目的地に対応する．）
Difficulties in the relationship correspond to impediments to travel.
（恋愛関係における困難な状況は旅における障害に対応する．）

（Lakoff 1993: 207）

　概念メタファーは上記のような「起点領域から目標領域への一連の写像」であると定義することができ，このような写像が存在することによって数多くのメタファー表現が産出される．

　概念メタファーを構成する 2 つの概念は，それらの概念に関する経験の間に見出される**類似性**（similarity）に基づいて選ばれる．TIME IS MONEY の場合には，時間と金銭に関する日常経験を通して，両者の間に「目標を達成するために使われる，貴重で限りある資源」という類似性が認識されることが，概念メタファー成立の基盤となっている．この種の類似性を**経験的類似性**（experiential similarity）という（Lakoff and Johnson 1980: 154-155）．

　概念メタファーの中には，その成立基盤が類似性ではないものもある．（10）と（11）の概念メタファーについて考えてみよう．

(10) HAPPY IS UP; SAD IS DOWN（楽しきは上，悲しきは下）
　　 I'm feeling *up*.（気分は上々だ．）
　　 You're in *high* spirits.（上機嫌だね．）
　　 I'm feeling *down*.（気持ちが沈んでいる．）
　　 My spirits *sank*.（気持ちが沈み込んだ．）

（Lakoff and Johnson 1980: 15; 渡部他訳 1986: 19-20）

(11) MORE IS UP; LESS IS DOWN（より多きは上，より少なきは下）
　　 The number of books printed each year keeps going *up*.
　　 （毎年印刷される本の数は上昇しつづけている．）
　　 My income *rose* last year.（私の収入は昨年上昇（＝増加）した．）
　　 The number of errors he made is incredibly *low*.
　　 （彼がおかした間違いの数は信じられないぐらい低い（＝少ない）．）
　　 His income *fell* last year.（彼の収入は昨年落ちた）

（Lakoff and Johnson 1980: 15-16; 渡部他訳 1986: 22）

「楽しい」と「上」，「悲しい」と「下」，「多い」と「上」，「少ない」と「下」の間に類似性があるとはいえない．ではなぜこれらの概念が結びついたメタファーが

存在しているのであろうか.

　Lakoff and Johnson（1980: 155）によると,これらの概念メタファーの成立基盤
は,類似性ではなく**経験的共起性**（experiential cooccurrence）である.経験的共
起性とは,異なる2つの経験が頻繁に同時に起こるということである.私たちは,
楽しいとき,元気はつらつとしているときはまっすぐ,あるいは上向きの姿勢に
なる.うれしいときに腕を高く上げるポーズも上向きの姿勢である.その一方で,
悲しいとき,気分が沈んでいるときには,うなだれた下向きの姿勢になる.この
ように,「楽しい」と「上」,「悲しい」と「下」という2種類の経験が日常生活の
中で頻繁に同時に起こることによって,心の中でそれらの概念が結びつけられ,
（10）の HAPPY IS UP; SAD IS DOWN という概念メタファーが生じたと考えられる.

　（11）の MORE IS UP; LESS IS DOWN も2種類の経験の共起性に基づいている.コッ
プの中に水などの液体を入れれば入れるほど,その嵩が高くなり,液体を減らせ
ば減らすほど,その嵩は低くなる.また,本を積み重ねれば重ねるほどその嵩は
高くなり,積み重ねた本の山から本を取り去れば取り去るほど,その嵩は低くな
る.このように,日常生活の中で「多い」と「上」,「少ない」と「下」という経
験が頻繁に同時に起こることが,MORE IS UP; LESS IS DOWN という概念メタファーの
成立基盤だと考えられる.

　以上のように概念メタファーは,経験的類似性と経験的共起性という,日常経
験の相関関係が成立基盤となっている.

◇ 4.5　メトニミーとは何か

　（12）の文を見てみよう.

（12）a. 昨晩は鍋を食べた.
　　　b. 漱石を読んだことはありますか.
　　　c. 扇風機が回っている.

これらの文は,ごく普通に使われる文であり,技巧的・芸術的な要素はまったく
感じられない.しかし（12）の下線部は,メタファーとは異なるタイプの比喩表
現になっている.（12a）の鍋は鍋そのものではなく鍋の中の料理をさし,（12b）
の漱石は夏目漱石という人物自体ではなく漱石が書いた作品をさしている.（12c）
で回っているのは扇風機全体ではなく扇風機の羽根の部分である.下線部の表現
が文字通りにさしている対象と,これらの文の中で下線部が実際にさしている対

象の間には類似性はまったくない．例えば，鍋とその中の料理や，人間としての夏目漱石と彼の作品との間に類似性はない．しかし，その両者の間にはある種の密接な関係が感じられる．鍋とその中の料理は，入れ物とその内容物という関係なので，両者には空間的に隣接しているという関係があるし，漱石と彼の作品の間にも，作者とその人が書いた作品という因果的な関係がある．扇風機とその羽根は全体と部分の関係なので，空間的に重なっているという関係がある．

　言語表現がさす対象を**指示対象**（referent）というが，(12) の下線部の表現は，文字通りの指示対象となんらかの点で近い関係にある別の対象に指示がずれている．このような表現を**メトニミー**（**換喩**：metonymy）という．メタファーが経験的類似性あるいは経験的共起性に基づく比喩であるのに対して，メトニミーは**隣接性**（contiguity）に基づく比喩であると定義することができる．隣接性とは，時間，空間，因果関係などの点で近い関係にあるという性質である．

　メトニミーの指示のずれにはいくつかのパターンがある．その主要なパターンをスモールキャピタルで表記して，英語の例文とともに下記に挙げる．例文の右側の（　）内の日本語は，斜字体の英語が実際にさす対象である．

(13) THE CONTAINER FOR CONTENTS（容器が中身を表す）
　　 The *kettle* is boiling.（やかんの中の湯）
　　 The whole *village* rejoiced.（村人）　　　　　　　　　　　　（Seto 1999: 103）

(14) PRODUCER FOR PRODUCED（生産者が生産物を表す）
　　 He bought a *Ford*.（フォード社製の車）
　　 He's got a *Picasso* in his den.（ピカソの作品）　　　（Lakoff and Johnson 1980: 38）

(15) OBJECT USED FOR USER（使用される物が使用者を表す）
　　 The *sax* has the flu today.（サキソフォン奏者）
　　 We need a better *glove* at third base.（野球選手）　　（Lakoff and Johnson 1980: 38）

(16) CONTROLLER FOR CONTROLLED（支配者が被支配者を表す）
　　 Ozawa gave a terrible concert last night.（小澤の指揮するオーケストラ）
　　 Napoleon lost at Waterloo.（ナポレオンが率いる軍勢）
　　　　　　　　　　　　　　　　　　　　　　　　　　　（Lakoff and Johnson 1980: 38）

(17) THE PLACE FOR THE INSTITUTION（場所が組織を表す）
　　 The *White House* isn't saying anything.（アメリカ政府）
　　 Hollywood isn't what it used to be.（アメリカ映画産業）
　　　　　　　　　　　　　　　　　　　　　　　　　　　（Lakoff and Johnson 1980: 38）

（18）THE WHOLE FOR THE PART（全体が部分を表す）

　　The *windmill* is turning.（風車の羽根）

　　He picked up the *telephone*.（受話器）　　　　　　　　　　　　　（Seto 1999: 99）

（19）THE PART FOR THE WHOLE（部分が全体を表す）

　　We don't hire *longhairs*.（長髪の人）

　　The Giants need a *stronger arm* in right field.（もっと肩の強い選手）

　　　　　　　　　　　　　　　　　　　　　　　　（Lakoff and Johnson 1980: 38）

（20）の斜字体の部分は，それと同時に起こる行為あるいはそれに後続する行為を表している．これは時間的隣接性に基づくメトニミーである．

（20）I felt fiercely proud of my mother for *standing up* for her righteous neighbors.

　　（行動する）　　　　　　　　　　　　　　　　　　　　　　　（Seto 1999: 107）

　　He *took off the uniform* at last.（引退した）　　　　　　　　　（Seto 1999: 108）

◇ 4.6　メトニミーの意味

　前節で見た英語のメトニミーは，（12）の日本語のメトニミーと同様に，日常のコミュニケーションでごく普通に使われる表現ばかりである．なぜ私たちはメトニミーの表現を使って，文字通りの指示対象から別の対象へわざわざ指示をずらしながら話すのであろうか．

　メトニミーが使われる一つの理由は，文字通りの表現よりも，物事を簡潔に表現できるということであろう．「鍋で作った料理」よりも「鍋」，「漱石が書いた作品」よりも「漱石」のほうが簡潔な表現である．しかしもっと重要な理由は，メトニミーは文字通りの表現とは異なる，私たちの物事の捉え方，認識の仕方を表現しているということである．

　では，メトニミーが表現している物事の捉え方とはどのようなものであろうか．まず，人間は，ある対象Aに直接意識を向けるのが困難な場合，それよりも際立ちが高く注意を向けやすい別の対象Bにいったん意識を向け，それを経由して目的の対象Aに意識を向けることがある．この場合，目印となる対象Bは**参照点**（reference point）とよばれ，最終的に意識を向ける対象Aは**ターゲット**（target）とよばれる．そして参照点を経由してターゲットに意識を向ける能力を**参照点能力**（reference point ability）という（Langacker 1993）．例えば「太郎の家はコンビニのすぐ向かいです」といって目的の場所を教えるときは，コンビニを参照点

として用いて，ターゲットである太郎の家の場所を教えていることになる．

　メトニミーはこのような参照点能力が反映した言語表現であると考えることができる．例えば，THE CONTAINER FOR CONTENTS の一例である The *kettle* is boiling. という表現が使われる状況では，私たちは見えないやかんの中の湯よりも，湯気を出して音を立てているやかんのほうに注意を向けるのが普通であろう．そのとき，心の中では，認知的に際立ちが高いやかんが参照点として選ばれ，それを経由してターゲットとしてのやかんの中の湯に意識が向けられている．The *kettle* is boiling. はこのような物事の捉え方が反映した表現である．

　人間は，物事についての概念（知識）や文脈から，メトニミーが実際に何をさしているのかを理解する能力をもっている．例えば「パトカーに捕まった」という表現であれば「捕まる」という動詞の意味とパトカーについての知識（パトカーは警察官が運転している．パトカーに乗っている警察官は交通や犯罪の取り締まりを行う，など．）から，この文の「パトカー」は「パトカーに乗った警察官」をさしていることが分かる．この場合，パトカーの中の見えにくい警察官よりも，パトカーのほうが際立つ存在なので，これを参照点としたメトニミー表現が使われたのである．メトニミーもメタファーと同じように，人間の物事の見方，捉え方であり，またそのような物事の見方が反映した言語表現でもある．

◇ 4.7　シネクドキーとは何か

　レトリック研究では伝統的に，（18），（19）のような「部分・全体」の関係に基づく比喩と，（21），（22）のような「類・種（一般的な概念・特殊な概念）」の関係に基づく比喩は，メトニミーから区別されて**シネクドキー**（**提喩**：synecdoche）として分類されてきた．

（21）SPECIES FOR GENUS（種が類を表す）
　　　pencil case（筆記用具全般）
　　　To earn one's（daily）*bread*（糧）　　　　　　　　　　　　（Seto 1999: 114）

（22）GENUS FOR SPECIES（類が種を表す）
　　　I have a *temperature*.（平熱以上の体温）
　　　I got a *ticket* again.（交通違反切符）　　　　　　　　　　（Seto 1999: 114）

しかし，「部分・全体」の関係は，前節で見たメトニミーと同様に，現実世界の隣接関係（「〜の一部」という関係）の一種なので，メトニミーに分類してよいと

考えられる．一方「類・種」の関係は，概念世界における包摂関係（「～の一種」という関係）なので，「部分・全体」の関係とは性質が異なる（佐藤 1992, Seto 1999）．そこで，本書では，「類・種」に基づく比喩だけをシネクドキーとして分類する．ただし，「類・種」の関係はカテゴリーとその成員との関係（第2章参照）であり，概念世界における「部分・全体」関係とみることもできることから，この関係をメトニミーとして分類する研究者もいる（谷口 2003: 124-126）．

◇ 4.8 シネクドキーの意味

シネクドキーの表現と文字通りの表現とはどのような意味の違いがあるのだろうか．シネクドキー特有の意味とは何だろうか．(21) のような種が類を表すシネクドキーから考えてみよう．このタイプのシネクドキーは，日本語の例としては (23) のような表現がある．

(23) a. ご飯を食べに行こう．
　　 b. お茶しに行きませんか．

(23a) の「ご飯」は「食べ物」一般，(23b) の「お茶」は「飲み物」一般をさしている．これらの表現で種として選ばれているのは，カテゴリーの代表的な成員である．日本文化においてご飯は代表的な食べ物であるし，喫茶店やカフェでお茶（紅茶）は代表的な飲み物である．したがって，種が類を表すシネクドキーは，明確なイメージをもつ代表的な成員が参照点として選ばれ，それに意識の焦点を当てながらターゲットとしてのカテゴリー全体を認識するという認知プロセスが反映した表現であり，聞き手に具体的なイメージを伝えることができる表現だといえる．

では，(22) のような類が種を表すシネクドキーはどうであろうか．日本語の例としては (24) のような表現がある．

(24) a. 白いものが増えてきた．
　　 b. 花見に行ってきた．

(24a) の「白いもの」は「白髪」，(24b) の「花」は「桜」を意味する．このタイプのシネクドキーは，カテゴリー全体が，その具体的な成員をさすという仕組みになっている．一方で「白いもの」，「花」はそれぞれ白髪，桜にとって重要な属性である．したがって類が種を表すシネクドキーは，参照点となる最も際立つ属性に意識の焦点を当てながら，ターゲットとしての物事全体を認識するという

認知プロセスが反映した表現であると考えることができる．その一方で，その他の多くの属性は背景化されてしまうので，指示対象の多くの特徴をぼかす効果がある表現だといえる．

📖 練習問題

円，角，真っすぐ，曲がったなどの「形」に関するメタファー表現はどのような意味をもっているだろうか．英語と日本語で比較考察し，それぞれの言語文化に形に関するどのような概念メタファーがあるか考えてみよう．

📖 実例で学ぶアクティブラーニング課題

あなたの好きな歌の歌詞の中に，どのようなメタファー表現が含まれているか調べてみよう．またそれらがどのような意味を持っているのか，どのような概念メタファーの反映なのか考えてみよう．

📚 文献案内

- Lakoff, George and Mark Johnson（1980）*Metaphors we live by.* The University of Chicago Press.（渡部他（訳）（1986）『レトリックと人生』大修館書店.）

  認知言語学および認知的メタファー研究の発端となった重要文献．メタファーは言語だけに関係しているのではなく，私たちの概念体系の大部分がメタファーで成り立っているということや，様々な日常経験がメタファーの成立基盤になっていることを豊富な実例で示している．

- 佐藤信夫（1992）『レトリック感覚』講談社.

  「発見的認識の造形」というレトリックの役割に焦点を当てながら，直喩，隠喩，換喩，提喩，誇張法，列叙法，緩徐法について実例を数多く挙げながら詳しく解説している．人間の意識自体に隠喩性，換喩性，提喩性が含まれているとする筆者の主張は，認知言語学の考え方と通ずるものがある．

- 谷口一美（2003）『認知意味論の新展開：メタファーとメトニミー』研究社.

  認知言語学におけるメタファー，メトニミー研究についての優れた概説書．プライマリー・メタファー，メタファーとメトニミーの相互作用など多様なトピックが扱われており，認知的なメタファー・メトニミー研究の全体像を知ることができる．

🔖 コラム4　英語における「犬」のメタファー

　本章で見たように，概念メタファーは，人間にとって分かりにくい概念（目標領域）を分かりやすい概念（起点領域）に対応させて理解するという認知プロセスなので，「身体部位」，「動植物」，「建物」，「天候」，「温度」，「方向」など，私たちにとって身近な物事に関する概念が起点領域になりやすい．ここでは一つの事例として，英語における犬に関するメタファー表現を見てみよう．

　まずdogが人間を表す場合は，(1)のように「嫌なやつ，卑劣な男」という意味になる．また「醜女〈ぶおんな〉，ぶす，退屈な女」を意味することもある．(『小学館ランダムハウス英和大辞典 第2版』以下『ランダムハウス』と略記).

　(1) Don't be a dog!「卑怯なまねはよせ」　　　　　　　　　　　　　（『ランダムハウス』）

　(2)のdogは古い言い方ではあるが，(1)のようなネガティブなニュアンスは薄れており，戯言的，愛称的に「やっこさん，やつ」を意味する（『新英和大辞典 第六版』(研究社) 以下『新英和』と略記).

　(2) a jolly [gay] dog「愉快な [陽気な] 男」　　　　　　　　　　　　　（『新英和』）

　dogが物に対して用いられると，(3)のように「くだらない物，ひどく粗悪な物」を意味する（『ランダムハウス』).

　(3) That used car you bought is a dog.「君が買ったあの中古車はひどいポンコツだ.」

　　　　　　　　　　　　　　　　　　　　　　　　　　　　　　　　　　（『ランダムハウス』）

　またdogは，dog Latin「(中世の) 変則ラテン語」のように形容詞として用いられることがあり，その際には「まがいものの，くだらない，特に，母語話者の表現らしくない」を意味する（『新英和』).さらに植物名に適用される場合は，dogberry「食用に適さないミズキ・ナナカマドなどの実；その木」，dog violet「香りのない野生のスミレ」のように，「劣った，有益性が低い」という意味になる（『リーダーズ英和辞典 第3版』研究社).

　以上の英語における犬のメタファー表現の意味を見てみると，「いやなもの，卑劣なもの，みじめなもの，劣ったもの」というネガティブな意味が大半であり，英語文化には (4) の概念メタファーが存在していると考えられる.

　(4) a. SOMETHING WHICH IS OF A POOR QUALITY IS A DOG (質の劣ったものは犬である.)

　　　b. A MAN WHO IS UNPLEASANT OR DISHONEST IS A DOG（不快な男や不誠実な男は犬である.)

　　　c. AN UNATTRACTIVE WOMAN IS A DOG (魅力のない女は犬である.)

ただし例外的に (2) の dog のように, 戯言的, 愛称的なニュアンスが含まれる場合もある.

　これらの dog の概念メタファーやメタファー表現は, ヨーロッパでの長年にわたる人間と犬とのかかわりの中から生じたものであると考えられる. 日本では大半の犬は伝統的に野良犬として町や村に存在していたのに対して, ヨーロッパでは人間と犬が一つ屋根の下で住んでいた (鈴木 1973: 121). このような人間と犬との関係から両者の間に仲間意識が生ずるのは自然であり, (2) の dog の戯言的, 愛称的な意味は, 両者のこのような関係性から生じたものであると考えられる. 一方, 伝統的にヨーロッパでは, 家畜は人間に隷属するものという動物観があった (鈴木 1973: 117). また, ヨーロッパ文化に大きな影響を与えているキリスト教にも犬に対するネガティブな見方があり, 聖書の中には「聖なるものを犬に与えてはいけません.」(「マタイの福音書」7章6節『新改訳聖書』) のような, 犬に対する否定的な記述が数多くある. ヨーロッパにおけるこのような人間と犬とのかかわりの中から (4) の概念メタファーが形成され, その反映として, ネガティブな意味をもつ英語の犬のメタファー表現が生じたと考えられる.

■文　献

Johnson, Mark (1987). *The body in the mind: The bodily basis of meaning, imagination, and reason.* University of Chicago Press. (菅野盾樹・中村雅之 (訳) (1991)『心のなかの身体』紀伊國屋書店.)

Lakoff, George (1993) The Contemporary theory of metaphor. In: Andrew Ortony (ed.) *Metaphor and thought.* 2nd edition, 202-251. Cambridge University Press.

Lakoff, George and Mark Johnson. (1980) *Metaphors we live by.* The University of Chicago Press. (渡部昇一・楠瀬淳三・下谷和幸 (訳) (1986)『レトリックと人生』大修館書店.)

Langacker, Ronald W. (1993) Reference-point constructions. *Cognitive Linguistics* 4: 1-38.

佐藤信夫 (1992)『レトリック感覚』講談社.

Seto, Ken-ichi (1999) Distinguishing Metonymy from Synecdoche. In: Klaus-Uwe Panther and Günter Radden (eds.) *Metonymy in language and thought,* 91-120. John Benjamins.

鈴木孝夫 (1973)『ことばと文化』岩波書店.

谷口一美 (2003)『認知意味論の新展開：メタファーとメトニミー』研究社.

松井真人

第5章

文　法　化

Grammaticalization

●実例に触れて考えてみよう

英語には未来を表す表現がいくつかあるが，その一つである be going to が未来の意味をもっているのはなぜだろうか．will とどのような意味の違いがあるだろうか．

◇ **5.1　文法化とは何か**

初めに，(1) の各文の下線部「いく」の意味をよく考えてみよう．

(1) a. 険しい山道をいく.

　　b. 険しい山道を歩いていく.

　　c. 文章をどんどん書いていく.

　　d. 体調がよくなっていく.

(1a) の「いく」は本動詞であり，明らかに移動の意味をもっている．(1b) の「いく」も移動の意味をもっているが，「歩いて」という動詞のテ形に接続する補助動詞となっており，助動詞的な働きをしている．(1c) も補助動詞であるが，もはや移動の意味はなく，進行相（〜している途中）という文法的意味を表している．(1d) も助動詞的な働きをする補助動詞であり，移動の意味はなく，状態の変化という抽象的な意味を表している．

　言語には，動詞，名詞，形容詞のような実質的・語彙的な意味をもつ語と，助動詞，前置詞，助詞，接続詞，代名詞のような抽象的・文法的な意味をもつ語がある．前者の語を**内容語**（content word），後者の語を**機能語**（function word）という．そして，内容語が機能語や**接辞**（affix）のような文法的な機能をもつ要素へ変化していくことを，**文法化**（grammaticalization）という．

　(1) で取り上げた「いく」という動詞が，「移動する」という実質的な意味を失

って,「進行」や「状態変化」という文法的・抽象的な意味をもつようになる現象も,文法化の一例である.日本語で (1) のように動詞が他の動詞に接続されることによって機能語となる文法化の例は,「〜ていく」だけでなく「〜てくる」,「〜てある」,「〜ている」,「〜てみる」,「〜てみせる」など数多くある(山梨 1995: 66-68).

　文法化は日本語だけでなく,どの言語にも見られる現象である.(2) の英語の例を見てみよう.

　(2) Bill is going to go to college after all.　　　　　　　　(Hopper and Traugott 2003: 1)

(2) の中には go という動詞が 2 つ含まれているが,それぞれの go の意味はどう違うだろうか.最初の go は be going to という形で未来時という文法的な意味を表している.それに対して,2 番目の go は本動詞として使われており,「移動する」という実質的な意味を表している.つまり,前者の go は be going to という形で使われることで機能語の一種である助動詞としての働きをしており,次節で詳しく述べるように,この用法は移動を表す内容語としての go から文法化のプロセスによって生じたと考えられる.

　この他の英語の文法化の事例として,while という語の意味の変化を見てみよう.while は古英語期(450 年頃 -1100 年頃)には,þa hwile þe(＝that time that)という形で「時」や「間」を意味する名詞であったが,中英語期(1100 年頃 -1500 年頃)には that という接続詞とともに使われ while that という形になり,現代英語では while だけで,「〜している間」(時),「〜だが一方」(対照),「だけれども」(譲歩)という意味を表す接続詞となっている(保坂 2014: 41).

◇ 5.2　文法化のプロセスと原因

　5.1 で見たような文法化は,どのようにして,なぜ起こるのであろうか.この問題について考えるために,Hopper and Traugott(2003)による,be going to の文法化の分析を見ていこう.

　まず be going to は,15 世紀以前には (3) のように go の進行形として「移動している途中」を表していた.そして文法化は (3) のような目的を表す不定詞(to marry Bill)を伴う構文から起こったと考えられている.

　(3) I am going to marry Bill.
　　　（私はビルと結婚するために移動している途中である）

　be going to に文法化が起こったのは，(3) のような目的を表す不定詞を伴う構文が繰り返し使われていくうちに，次のような推論が生じたからである．まず，「結婚するために移動しているということは，その結婚は未来に起こる」という推論が生じる．また，「結婚するという目的をもって移動しているということは，主語で表されている人は結婚する意志がある」という推論も生ずる．この種の推論を**語用論的推論**（pragmatic inference）という．

　次に，このような語用論的推論が動機づけとなって，元の文の構造（4a）に対して別の解釈（4b）が施される．この種のプロセスは**再分析**（reanalysis）とよばれる．

(4) a. I am going [to marry Bill].
　　 b. I [am going to] marry Bill.

(4a) は，移動を表す本動詞の進行形 be going と目的を表す不定詞 to marry Bill からなる構造であるが，上記の語用論的推論が新しい意味として定着することにより，(4b) のように be going to の部分がひとかたまりの未来時を表す助動詞として再分析される．次に，be going to が未来時を表す助動詞として解釈されるようになると，それに後続する動詞として，(5) の like のように目的を表すとは考えられない状態動詞も使われるようになる．このようなプロセスを**類推**（analogy）という．

(5) I [am going to] like Bill.

　そして最後に，(5) のような助動詞用法が確立すると，(6) に見られる**音韻縮約**（phonological reduction）が起こる．

(6) I [am gonna] marry Bill.

◇5.3　文法化の諸相—脱範疇化，漂白化，一方向性の仮説など—

　これまで見てきたように，文法化のプロセスでは，動詞から助動詞へ，名詞から接続詞へというように文法範疇の変化がみられる．例えば be going to は動詞（の進行形）から助動詞へ変化している．このように語彙的な範疇（名詞，動詞）が，文法的な機能をもつ範疇（前置詞，接続詞，助動詞，代名詞など）へと変化することを**脱範疇化**（decategorization）という（Hopper and Traugott 2003: 106-115）．

　文法化では，音や文法範疇が変化するだけでなく，意味の面でも語彙的・具体

的な意味が次第に薄れ，そして失われ，文法的・抽象的な意味へと変化していく．be going to の場合は，「移動する」という語彙的・具体的な意味が薄れ，未来時という文法的・抽象的な意味へと移行している．このような意味的な変化は**漂白化**（bleaching）とよばれている（Hopper and Traugott 2003: 94-98）．ここで注意すべきは，意味が漂白するといっても，すべての意味が失われてしまうのではなく，語彙的・具体的な意味が失われていくということである．

　また，文法化前の意味と文法化後の意味はまったく無関係というわけではなく，前者が後者を制約する．be going to は，文法化の結果，未来時を表すようになったが，これはもともと to 以下が，未来に達成しようとしている目的の行為を表し，全体として「～するためにいく」という意味を表していたからである．

　さらに，be going to は，(7a) のように「意図」の意味を含む未来時を表す場合と，(7b) のように「予測」の意味を含む未来時を表す場合があるが，前者の場合は，「前もって決められていた意図」を表し，後者の場合は，「現在の徴候に基づく予測」を表す．

(7)　a.　I'*m going to* work harder this year.
　　　　　（今年はもっと一生懸命に働くよ．）
　　 b.　Is that lightning? I hear thunder. There'*s going to* be a storm.
　　　　　（稲光かな？雷鳴も聞こえる．あらしになりそうだ．）

（『ジーニアス英和辞典第5版』）

(7a) では，「今年はもっと一生懸命働く」という意図はその場で生じたものではなく，前もって心の中にもっていた意図ということになり，(7b) では稲光や雷鳴という徴候に基づいて「あらしになりそうだ」と予測していることになる．

　このように be going to は，「意図」でも「推測」でも，to 以下で述べられている行為や状況の実現に向かって，すでに事態が進行していることを表している．これは，be going to のもともとの意味である移動の意味が，文法化後にも残っているためだと考えられる．以上のように文法化後に元の意味が残ることを，**意味の持続性**（persistence）という（Hopper and Traugott 2003: 3, 96, 121）．

　Hopper and Traugott（2003）によると，上で見た be going to の変化は 15 世紀あるいはそれ以前にはじまったものであるが，助動詞用法が成立したことによって，(4a) のような移動の途中を表す be going と目的を表す不定詞が結びついた構造がなくなってしまったわけではなく，それは現代英語で助動詞の用法と共存

している．文法化は突然生ずるのではなく，元の意味が新しい意味へと段階的に
変化し，その途中の段階では，元の意味と新しい意味が共存することがある．こ
の共存は be going to の場合のように数百年に渡って続くこともある．このよう
に，語彙的要素である内容語が文法的要素である機能語へと段階的に変化してい
くことを**漸次変容**（cline）という（Hopper and Traugott 2003: 6-7）．

　また，類似した機能を有する複数の形式が共存する現象を**重層化**（layering）と
よぶ（Hopper and Traugott 2003: 124-126）．例えば英語の過去形は，もともと
take-took のように動詞内の母音を変化させて作られていたが，その後 look-
looked のように接尾辞を付けて作られるようになった．しかし前者の形式の過去
形が英語からなくなったわけでなく，現在でも後者の形式と共存している．be
going to が文法化して未来時を表す助動詞となった後で，未来時を表す助動詞 will
や shall と共存しているのも重層化の例である．

　言葉の変化においては，内容語から機能語や接辞のような文法的要素へと変化
が進むのが通常であり，その逆はきわめてまれだと考えられている．これは，文
法化の研究における重要な仮説であり，**一方向性の仮説**（hypothesis of unidirec-
tionality）とよばれている（Hopper and Traugott 2003: 7, 99-100）．

◇ 5.4　文法化とメタファー，メトニミー

　be going to の文法化の成立には，第4章で見たメタファーやメトニミーがかか
わっていると解釈することができる．

　まず，be going to の文法化には物理的移動の意味から時間的意味への変化が見
られるので，時間に関する概念領域を物理的移動に関する概念領域に基づいて理
解する概念メタファーがかかわっていると考えることができる（Sweetser 1988:
390-393）．一方，この文法化の途中の段階で見られる語用論的推論は，メトニミ
ーの一種とみなすことができる．なぜならば，ある出来事を表していた表現が，
それと同時あるいはその直後に起きる出来事を表すようになる現象は，時間的な
隣接性に基づくメトニミーだからである．したがって，be going to の文法化はメ
タファーとメトニミーの相互作用の結果であり，文法化の途中の段階で語用論的
推論というメトニミー的認識が何度も繰り返された結果，最終的にメタファー的
な意味拡張が起こったと考えることができる（Heine *et al.* 1991: 70-78）．

◇ 5.5　英語の文法化の事例

　文法化という現象は，あらゆる言語に見られる．すでにいくつかの文法化の事例を見てきたが，この節では保坂（2014），小島他編（2007），小野・中尾（1960）を参考にして，英語の文法化のさらに別の事例を見ていく.

　現代英語における may，can，will などの法助動詞は，もともと本動詞であったものが文法化によって助動詞化した．may は古英語期には magan という形の本動詞であり，「力がある，～できる」という身体的能力を意味していた．この意味から語用論的推論によって，「～してもよい」という許可の意味や，「～がありうる」，「～かもしれない」という可能性，推量の意味が成立した.

　can は，古英語期には cunnan という形の本動詞であり，「～を知っている」という知的能力を意味していた．やがて文法化によって知的能力を意味する助動詞となり，その後，身体的能力を含む能力一般，可能性，許可などの意味を表すようになった.

　will は，古英語期には willan という形の本動詞であり，「～を望む」を表していたが，やがて願望に加えて「～しようとする」という意志の意味を表すようになった．その後，文法化によって，意志，推量，「～しなさい」という命令などを表す助動詞へと移行した.

　次に完了形の助動詞の文法化を見ていこう．古英語期には，完了形は「habban（＝have）＋過去分詞」あるいは「bēon, wesan（＝be）＋過去分詞」という形であった．目的語を伴う場合は「habban＋目的語＋過去分詞」という形が基本であり，過去分詞は目的語と一致して屈折した．したがって，目的語を伴う have 完了形は「habban＋［目的語＋過去分詞］」と分析することができ，この構文は「～が～された状態でもっている」という意味であったと考えられる．すなわち have 完了形の have は古英語期には所有の意味をもつ本動詞だったのである．この本動詞の所有の意味が希薄化したことによって have は完了を表す助動詞となり，語順も「have＋過去分詞＋目的語」に移行した（保坂 2014: 112-116）.

　be 完了形は，cuman（＝come），gan（＝go），gewitan（＝depart），weaxan（＝grow）のような場所や状態の変化を表す変移動詞とともに用いられた．現代英語にも古英語の be 完了形の名残として I am finished. のような表現がある．have 完了形の have と同じように be 完了形の be も，古英語期は存在の意味をもっていた．それが意味の希薄化により連結詞となり，さらなる意味の希薄化によって

完了を意味する助動詞となったと考えられる（保坂 2014: 113-118）．

◇5.6　日本語の文法化の事例

　本節では，三宅（2005）を参考にして，日本語の文法化の事例をいくつか見ていこう．日本語には助詞化という現象がある．その一つの例は，(8a) の「について」や (8b) の表現のように，「に」や「を」と，「おく」，「よる」などの動詞を融合させ，格助詞を作り出すというものである．

(8) a. 彼は文法化<u>について</u>多くの論文を書いた.

　　b. ～において，～について，～によって，～にとって，～に対して，

　　　　～に関して，～に際して，～に限って，～をめぐって，～をもって

（三宅 2005: 68）

　次に助動詞化の事例を見てみよう．(9a) の「てきた」や (9b) の表現のように，動詞の「テ形」に他の動詞を後接させて助動詞を作る文法化がある．この際に生じる助動詞は補助動詞とよばれる．

(9) a. 彼は近頃頭髪が薄くなっ<u>てきた</u>.

（三宅 2005: 65）

　　b. ～ている，～てある，～ておく，～てみる，～ていく，～てくる，～てやる，

　　　　～てくれる，～てもらう，～てしまう

（三宅 2005: 71）

　さらに，「食べかける」，「話しだす」，「やりきる」，「歩き通す」のように，2 語以上の語が結合してできた動詞を複合動詞という．そして，同じ「～かける」でも，「子供に話しかける」と「本を読みかける」を比較してみると，前者は語彙的な意味をかなり残しているが，後者は「起動」というアスペクト的な意味をもち，前者よりも意味が抽象化している．したがって，後者のような文法的な意味をもつ複合動詞の後項は，文法化の一つの事例である．

　以上のように，文法化は英語にも日本語にも幅広くみられる現象であり，人間の言語にとって主要な意味拡張，意味拡張のパターンの一つである．

◻◻ 練習問題

　be going to は未来を表す助動詞として使われるが，go 以外の移動を意味する動詞を用いた be moving to，be coming to，be walking to，be running to などは未来を表す助動詞として用いられないのはなぜだろうか．その理由を考えてみよう．

📖 実例で学ぶアクティブラーニング課題

次の英語の文法化のプロセスを，英語史に関する文献を使って調べてみよう．

1. **used to**（助動詞への文法化）
2. **now**（接続詞への文法化）
3. 受動態の文法化

📚 文献案内

● Hopper, Paul J. and Elizabeth Closs Traugott（2003）*Grammaticalization*. 2nd editin. Cambridge University Press.（日野他（訳）（2003）『文法化』九州大学出版会.）
　　文法化研究の歴史，再分析や類推などの文法化のメカニズム，語用論的推論，一方向の仮説など，文法化研究の重要なトピックについて，英語など様々な言語の事例を挙げながら，分かりやすく解説している．

● 森雄一・高橋英光（編）（2013）『認知言語学：基礎から最前線へ』くろしお出版.
　　第7章（大橋浩（著））において文法化が扱われている．まず「基礎編」では,主に認知言語学の観点から文法化の諸相について概説がなされている．その後の「応用編」では，事例研究として，コーパスに基づいた英語の強意副詞の文法化研究が紹介されており，文法化研究の進め方を知りたい人にとって参考になる．

● 保坂道雄（2014）『文法化する英語』開拓社.
　　冠詞，接続詞，再帰代名詞，助動詞，進行形，完了形，受動態など，英語の様々な側面の文法化が分かりやすく解説されており，どのような過程を経て英語が今のような姿になったのかが理解できる．

📎 コラム5　文法化と未来時を表す英語表現

　本章で be going to の文法化のプロセスについて述べたが，英語では be going to の他に，will，現在進行形，現在時制，未来進行形などによって未来時が表される．これらの表現のうち現在時制以外の形式には，本動詞から助動詞への文法化のプロセスがかかわっている．そして，それぞれの形式に微妙な意味の違いがある．本章でも見たように，be going to は，ある行為や状況の実現に向けてすでに事態が進行していることを表し，それが単純未来の場合は「現在の徴候に基づく予測」，意志未来の場合は「前もって決められていた意図」を表す．これは,本動詞 go の「移動」の意味が文法化の後まで持続しているからである．

　一方 will は，to wish「〜を願う」という意味の本動詞から語用論的推論によって

単純未来と意志未来を表す助動詞に変化したと考えられるが，その意味は be going to とやや異なる．(1) が示すように，単純未来を表す will は，事態が生ずる徴候はないが，ほぼ確実にその事態が生ずると話者が確信している場合に用いられる．

　(1) a. Tomorrow's weather *will be* cold and cloudy.

　　　b. If you press this button, the roof *will slide* back.　　　　　　　(Leech 2004: 57)

(1a) は天気予報などを根拠に述べられたものだと考えられ，(1b) では if 節の内容を根拠にして，屋根が後ろへ移動することが予測されている．

　意志未来の場合，be going to は「前もって決められていた意図」を表すのに対して，will は「その場で生じた意図」を表す．(2) を見てみよう．

　(2) X：There's no milk in the refrigerator.

　　　Y：a) I'm going to get some today.

　　　　 b) I'll get some today.　　　　　　　　　　　　　　　　(江川 1991: 222)

X の発言に対して Y が a) のように答えれば，Y は牛乳がないことを知っていて，すでに買いに行くつもりだったことを表し，b) のように答えれば，その場で買いに行く気になったことを表す．

　現在進行形が表す未来時の意味も，be going to の意味と微妙に異なる．現在進行形の場合，(3) が示すように，未来の出来事に対する手配（arrangement）ができていることを表す．

　(3) I'm leaving tonight. I've got my plane ticket.　　　　　　　　(江川 1991: 222)

(3) の現在進行形は，航空券の手配も済み，今晩出発する準備がすでに整っていることを表している．このような未来用法の現在進行形の意味には，進行形がもつ「はじまりと終わりがある動作の途中」という意味が維持されている．すなわちこの用法では，出発という動作がその手配を含めて一つのまとまりのある出来事とみなされ，その出来事の終局点に向かってすでに動作が進行しているという含みがある（吉良 2010: 167）．

　未来進行形は，will と進行形の意味（進行相）を加えた「未来における動作の途中」を意味することもあるが，(4) のように進行相の意味を含まない用法もある．

　(4) I'*ll be writing* to you soon.　　　　　　　　　　　　　(Leech 2004: 66-67)

(4) は「未来において手紙を書いている途中」を意味しているのではなく，手紙を書くという行為がひとかたまりの出来事として認識されて，その行為が主語の意志と関係なく当然の成り行きとして生ずることを意味している．これは，will の予測の意味と未来用法の現在進行形の「手配済」という意味が結びついたものであると考えられる（Leech 2004: 67）．

　以上のように，英語には未来を表す表現が複数あるが，それぞれの表現が文法化の過程で元の意味を引き継ぐため，微妙に異なる意味をもっている．

■文　献

江川泰一郎（1991）『英文法解説　改訂三版』金子書房.

Heine, Bernd, Ulrike Cjyylaudi and Friederike Hünnemeyer（1991）*Grammaticalizaion: A conceptual framework*. The University of Chicago Press.

Hopper, Paul J. and Elizabeth Closs Traugott.（2003）*Grammaticalization*. Second edition. Cambridge University Press.（日野資成（訳）（2003）『文法化』九州大学出版会.）

保坂道雄（2014）『文法化する英語』開拓社.

吉良文孝（2010）「未来表現」澤田治美・高見健一（編）『ことばの意味と使用：日英語のダイナミズム』161-173，鳳書房.

小島義郎・岸曉・増田秀夫・高野嘉明（編）（2007）『英語語義語源辞典』三省堂.

Leech, Geoffrey（2004）*Meaning and the English verb*. Third edition. Pearson Education.（國廣哲彌（訳）（1976）『意味と英語動詞』大修館書店.）

南出康世（編集主幹）（2014）『ジーニアス英和辞典　第5版』大修館書店.

三宅知宏（2005）「現代日本語における文法化：内容語と機能語の連続性をめぐって」『日本語の研究』**3**: 61-75.

小野茂・中尾俊夫（1960）『英語学大系8　英語史Ⅰ』大修館書店.

Simpson, John and Edmund Weiner（eds.）（1989）*The Oxford English dictionary*. Second edition. Clarendon Press.

Sweetser, Eve E.（1988）Grammaticalization and semantic bleaching. *Proceedings of the fourteenth annual meeting of the Berkeley Linguistics Society*: 388-405.

山梨正明（1995）『認知文法論』ひつじ書房.

第6章

八木橋宏勇

構　　文
―意味を伝える言語形式―

Construction

●**実例に触れて考えてみよう**

シェイクスピアの『ヘンリー六世第3部』『リチャード三世』，ルイス・キャロルの『不思議の国のアリス』に登場する "Off with his head!（やつの首をはねろ！）" をヒントに "Off with your hat!" はどういう意味か考えてみよう．

A："I'm worried. My girl is running around with that new doctor in town."

B："_____ her an apple a day."　　　(L. & F. Copeland. *10,000Jokes, Toasts, and Stories*)

　娘のことを心配するAさんと，知り合いのBさんが道端で立ち話をしている．「心配なんだ．新しく来たあの医者と付き合ってるみたいなんだ」と娘の交際を案じるAさん．Bさんが口を開こうとしたそのとき，大きなクラクションが鳴った．Aさんには，Bさんが出だしに何と言ったのか聞こえなかった．

　立ち話でも，電話でも，オンラインミーティングなどでも，相手の声が部分的に聞こえないという場面にしばしば遭遇する．皆目理解が及ばなければ聞き返すかもしれないが，なんとなく理解できてしまうという経験もあるのではないだろうか．

　上の空欄にはもともと "Feed" が入っていたが，"Give" であっても話のオチは決まるかもしれない．いわゆる**二重目的語構文**のパターンが認識できれば，聞こえなかった箇所が知識によって補われ，「1日1個娘さんにりんごを食わせることだな」というおおよその意味が推察されるというわけである．

　本章では，意味を伝える言語形式としての構文について理解を深めていこう．

◇ 6.1 構成性の原理と構文

　一般的に，**構文**（construction）とは，複合的な内部構造をもつ言語単位のことをいう（必ずしも文に限ったことではないため，**構成体**という場合もある）．たとえば，believable という語は "believe" + "able" という複合的な内部構造をもつため構文ということになる．

　ところで，I like dogs. に見られるように，表現全体の意味は，構成要素の意味を規則に従って足し合わせれば全体の意味が導き出されるという考えを構成性の原理（the principle of compositionality）という．この原理は，いわば意味の足し算的な考え方であり，部分と全体の関係性が透明で分かりやすい．しかし，複合的な内部構造をもつ言語単位のすべてがこの原理に従っているわけではない．

(1) by and large

(2) topless judge　　　　　　　　　　　　　　　（Taylor 2003: 95, 唐須 2007: 37-38）

(3) lazy lobster　　　　　　　　　　　　　　　　　　　　　　（唐須 2007: 37）

　(1) は，部分と全体の関係が不明瞭であり，一般的には**イディオム**（idiom）とよばれている．部分の意味を足し合わせても，「概して」というイディオム全体の意味を容易に導き出すことができないばかりか，異なる品詞の語が and で結びつけられており，文法的にも破格である．(2) はどういう意味か予測できるだろうか．構成性の原理に基づいて解釈するならば「上半身裸の裁判官」とでもなるだろうが，実際には「夜の繁華街で起きる事件を扱う裁判官」である．部分と全体をつなぐストーリーはこうだ．トップレスドレス（topless dress）を着た方（topless person）が働くバー（topless bar）がある地区（topless district）で起きる犯罪を裁く裁判官（judge）．(3) は怠け者のロブスターではなく，「めんどくさがりの人でも容易に食べることができるロブスターのむき身」のことだ．

　これらは，部分が全体を動機づけてはいるものの，必ずしも全体は部分の総和にはなっていない．言語使用に際しては，部分である内部構造は意識されず，一つのユニットとして用いられているはずだ．このように，全体が優先的に把握される認知的な捉え方を**ゲシュタルト**（gestalt）というが，構文はゲシュタルト的な性質をもち合わせているといえる．そこで，構文を次のように定義しておこう．

　　構文は，**形式と意味の対応関係**（form-meaning pairing）からなる記号としての言
　　語単位

ここでいう**形式**（form）とは，音声や綴り・文字列のことであり，**意味**（mean-

ing）は形式に結び付いているという見方である．構文全体の意味は，構成要素で
ある部分の意味には必ずしも還元されない．次の例で代表的な構文の特徴を見て
みよう．本来的には自動詞である sneeze（くしゃみをする）が，目的語を従えて
いる点に着目してほしい．

(4)　Frank sneezed the tissue off the table.
　　　（フランクはくしゃみをしてティッシュをテーブルから吹き飛ばした．）

（Goldberg 1995: 152）

　(4) には〈主語〉+〈動詞〉+〈目的語句〉+〈前置詞句〉という抽象的なパターン
(**使役移動構文**)を見出すことができる．この形式は, She put the book on the desk.
（彼女は本を机に置いた）や She cleared the snow off the road.（彼女は雪を道路か
ら取り除いた）から推察されるように,「主語の行為により目的語句が場所に／か
ら移動する」という意味と結びついており，結果として「フランクのくしゃみを
するという行為によりティッシュがテーブルから（テーブルの外へ）移動した」
という解釈が導かれるわけである．

◇6.2　way 構文

　もう一つ，ゴールドバーグ（Goldberg 1995）が挙げた有名な **way 構文**（way
construction）を見ておこう．この構文の興味深いところは，構文を構成する各要
素の意味を足し合わせただけでは到底出てくるとは思えない〈移動〉の意味が付
与されている点である．

(5)　Frank dug his way out of the prison.
　　　（フランクは穴を掘って脱獄した．）
(6)　Frank dug his escape route out of the prison.
　　　（フランクは刑務所から脱出する逃げ道を掘った．）

　(5) は，フランクが脱獄に成功したということであり，〈移動〉の意味を読み取
ることができる．しかし，それを構成要素の意味に求めることはできない．字義
レベルではあくまで「掘った」としかいっていないからである．(6) は，way の
代わりに escape route を据えたものであるが，これでは〈移動〉の意味を表すこ
とができず,「逃げ道を掘った」に留まる．次の例で確認しよう．

(7)　*Frank dug his way out of the prison, but he hasn't gone yet.
(8)　　Frank dug his escape route out of the prison, but he hasn't gone yet.

〈移動〉を否定する文を続けると，(8) は成立するが，(7) は矛盾を覚えることが分かる．では，one's way が〈移動〉の意味を担っているのかというと必ずしもそうではない．"She knows her way around a wine list." (彼女はワインリストに精通している) のように，〈移動〉の解釈が導き出されない事例も観察されているからである．参考までに，know one's way around A の定義は以下の通りである．

    a) to be so familiar with something that you are confident and good at using it

    b) to be familiar with a place so that you know where things are

(Longman Dictionary of Contemporary English)

構成要素に〈移動〉の意味を求めることができないとすると，〈主語〉+〈動詞〉+〈one's way〉+〈前置詞句〉という形式自体が〈移動〉の意味をもっている可能性が浮上してくるわけである．

ところで，この way 構文は，物理的な移動を伴わない事象にも比喩的に用いられる．

(9) You cannot always be economically dependent on your parents. It's about time you were independent of them. You should decide whether to <u>work your way through college</u> or chuck in school.

    (いつまでも親のすねをかじっているわけにはいかないよ．そろそろ一人前になってもいい頃だ．アルバイトをしながら<u>大学生活を続ける</u>か，退学するか決めたほうがいいよ．)

work one's way (through A) は「苦労して進んでいく (苦学して A を卒業する)」という意味である．再び辞書の定義を見てみよう．c) は「苦労しながらゆっくり〈移動〉すること」，d) は「(目標の達成を目指して) 物事に取り組むこと」を比喩的に「(目的地を目指して) 経路を〈移動〉すること」として捉えていることが分かる．

    c) to move somewhere slowly and with difficulty

(10) We worked our way carefully across the rocks.

    (私たちは苦労しながら岩場を慎重に越えた．)

    d) to achieve something gradually by working

(11) He worked his way up to the top.

    (彼は苦労してトップまで昇りつめた．)

(Longman Dictionary of Contemporary English，例文・訳は『ロングマン英和辞典』)

このように，way 構文がもつ〈移動〉の意味が，比喩的にも用いられていると

いう事実は，この構文が英語という言語体系（および英語母語話者）の中にしっかりと根を下ろしていることを窺い知ることができる．

◇ 6.3　形式が異なれば意味も異なる

　先に挙げた例文（5）と（6）の相違を見れば，特定の言語形式とその意味の間にはなにかしらの関係性があることは分かるだろう．類義語だからといって，置き換えが可能なわけではなかったからである．

　アメリカの言語学者ボリンジャー（Bolinger, D.）は，**形式が異なれば意味も異なる**（different form, different meaning）という視点に立ち，形式と意味の研究に多大な足跡を残した．認知言語学では，言語知識は「**形式と意味の対応関係**（form-meaning pairing）にある記号」であると見ているが，これはボリンジャーの考え方ときわめて親和性がある言語観である．

　池上（1995: 87-89）による次の例を見てみよう．（12a）と（12b）は，機械的な形式の操作である書き換え問題で見られるペアであるが，ボリンジャーの考え方に立てば，意味は違うということになる．

（12a）John showed Mary a photo.

（12b）John showed a photo to Mary.

　（12a）は，いわゆる**二重目的語構文**で，〈間接目的〉＋〈直接目的〉という形式がとられている一方，（12b）は〈直接目的〉＋〈to- 前置詞句〉という別の形をしており，**前置詞与格構文**といわれている．John が Mary にある写真を差し出して示した点では両者に相違はない．ところが，Mary がその写真を見たのか，見ていないのかで使われ方が異なる．

（13a）?John showed Mary a photo, but she didn't see it because she was sleeping.

（13b）　John showed a photo to Mary, but she didn't see it because she was sleeping.

　（12b）は「しかし彼女は寝ていてそれを見なかった」と続けることができても，（12a）では違和感を覚える．このことから，〈間接目的〉＋〈直接目的〉という形式は show という行為の目的（相手が差し出されたものを見ること）が達成されたことを含意する一方，〈直接目的〉＋〈to- 前置詞句〉のほうは行為の目的の達成には中立的であることが分かる（3.5 節参照）．これは，方向を表す前置詞 to が用いられていることから，「写真の移動」という行為のプロセスに力点があるためだと考えられる．やはり「形式が異なれば意味も異なる」というわけだ．

(14a)　John taught Mary English.

(14b)　John taught English to Mary.　　　　　　　　　　　　　　（池上 1995: 90-92)

　（14a）と（14b）も，書き換え問題で頻出のパターンであるが，（12a）と（12b）同様，それぞれ〈間接目的〉+〈直接目的〉と〈直接目的〉+〈to- 前置詞句〉という形式上の相違が確認される．したがって，（14a）は teach という行為の目的の達成，すなわち Mary が（ある程度）英語を身につけたことを含意するが，（14b）は teach という行為が誰に向けられていたかという方向が示されているだけであって，Mary が英語を身につけたことまでは含意されない．（12a）と（14a），（12b）と（14b）は，それぞれ異なる動詞が用いられてはいるものの，構文的に形式が同じであるがゆえに意味も同じだともいえるわけである．

◇ 6.4 「形式が異なれば意味も異なる」が「形式が同じならば意味も同じ」

　英語学習で経験する書き換え問題は，形式のパターンを身につけるには有効な手法かも知れないが，元の文と書き換えられた文が「同じ意味」とはいえない点には注意が必要である．仮にまったく同じ意味を表しうるならば，どちらか一つ用意されていればよく，複数のパターンが存在する理由がなくなるからである．このような意味の違いは非常に微妙なものではあるものの，ある程度の一貫性が確認されるのも事実である．

(15a)　I believe John honest.

(15b)　I believe John to be honest.

(15c)　I believe that John is honest.　　　　　　　　　　　　　　（池上 1995: 76)

「ジョンが正直であること」と「私が信じていること」はいずれも共有されているが，違いは「ジョンの正直さを私が信じる」ということの裏づけとして，どれくらい「私」の直接的な体験があるかという点にあるという．ジョンのふるまいを日の当たりにした経験があれば（15a）と表現されやすく，ジョンのことを他人から聞いた情報で正直だと信じているならば（15c）の据わりがよい．（15b）は，直接体験の程度が中間程度である場合の表現となる．語の配列上，動詞とその他の要素が（他の語の介在がなく）接近しているほど直接体験という意味合いが強く出てくる傾向にある．

(16a)　I find the chair comfortable.

(16b)　I find the chair to be comfortable.

(16c) I find that the chair is comfortable.　　　　　　　　　　　（池上 1995: 78）

　その椅子に座った経験がある場合は，(16a) と表現されやすい．一方，「快適である」と「分かっている」ことの間に，(16b) と (16c) では to be や that の介在があることから，例えばその椅子の座り心地の良さをうわさで聞いているとか，なにかしらのデータを見て知っているとか，(16a) に比べると間接性が見え隠れするわけである．

　次の2つの文では，主語の人物が聞いた音はまったく異なる．それぞれどんな音だろうか．

(17a) I heard the car crash.

(17b) I heard that the car crashed.　　　　　　　　　　　　　　（町田 2019: 34）

　(17a) は (15a) や (16a) と同様に，直接的な体験を基盤とした発話であることから，「私」は「車がぶつかる音」そのものを耳にしていたはずだ．一方 (17b) は「車がぶつかったということ」を伝え聞いたわけであることから，「私」が聞いたのは「人の声」ということになる．

　最後に，直接体験か間接体験かという点が解釈に重要となる例を見ておこう．

(18) I don't know Steven Pinker, but I know of him.

　「スティーヴン・ピンカーを知らないけれども知っている」とはどういうことだろうか．but の前後の構造に注目してみよう．

(18a) I know Steven Pinker.

(18b) I know of Steven Pinker.

　これまでの議論を踏まえると，(18a) は「私はスティーヴン・ピンカーを直接的に知っている」ということであり，ピンカーと面識があるという含意を読み取ることができる．一方，(18b) はテレビや本などでピンカーを間接的に知っているということであり，一語違いで意味合いが大きく異なるわけである．

　このように見てくると，構文を見る眼として，**形式が異なれば意味も異なる**のはもちろんであるが，抽象的な構文という型に着目すれば，具体的な言語表現を横断して**形式が同じならば意味も同じ**ともいえるわけである．

📖🔍 練習問題

1. 次の 2 つの英文には，どのような意味の違いがあるか考えてみよう．

　（A）Terry sent Joy a season's greetings card.

　（B）Terry sent a season's greetings card to Joy.

2. 次の 2 つの英文について，より強い形で依頼がなされたと感じられるのはどちらだろうか．

　（A）Terry asked Joy to leave.

　（B）Terry asked that Joy leave.

3. "keep A from B" や "hinder A from B" は，どういう構文的意味をもつだろうか．「形式が同じであれば意味も同じ」という観点から考えてみよう．

📖🔍 実例で学ぶアクティブラーニング課題

　クジラの構文について調べ，次の 3 つの英文がどのような解釈になるか考えてみよう．

　（A）A whale is no more a fish than a horse（is a fish）.

　（B）What I did is no worse than what you and your father had planned for me.

　（C）Nuclear weapons are no more a threat to the world than an epidemic of bacteria spreading.

（平沢 2014: 200-201）

📚 文献案内

● 池上嘉彦（編）（1996）『英語の意味』大修館書店.

　意味の面から英語という言語を捉える英語学の入門書．本章の内容と深くかかわっているのは第 5 章「文法と意味」である．

● 大谷直輝（2019）『ベーシック英語構文文法』ひつじ書房.

　構文文法（construction grammar）の概説書．構文をはじめとする定型表現を研究するには避けては通れない重要概念が丁寧に説明されている．

● 唐須教光（2007）『英語と文化：英語学エッセイ』慶應義塾大学出版会.

　認知言語学・社会言語学・言語人類学・英語教育論など，様々な観点から英語の言語的・文化的・教育論的諸相を概説している．本章の内容と深くかかわっているのは第 3 章「文の生成と構造的意味」である．ついでながら，言語の性差や早期英語教育など論争があるトピックに対しては，筆者の魅力的かつ説得的な見解が随所で述べられている．

📎 コラム 6　construction は「構文」か？

　私たちは，**構文**というと，比較構文とか there 構文とか so that 構文など，センテンスレベルのパターンを思い浮かべるかもしれない．しかし，言語学における construction は，「形式と意味の要素で構成された一つのペアをなす慣習的な言語ユニット」のことをいい，必ずしもセンテンスレベルの定型的パターンのみをさしているわけではないため注意が必要である．

　典型的なのは語である．認知言語学者のエヴァンス（Evans, V.）は，例えば cat という語は，【cat】というスペリングや /kæt/ という音の連鎖をもつ特定の形式が，「ひげや尻尾があり，『ミャー』と鳴く四つ足で歩く柔毛に覆われた動物」（エヴァンズ 2014，邦訳：179）であるという意味と慣習的に結びつくことから construction の一事例であると捉えている．また，語よりも複雑な kick the bucket（ぽっくり逝く）のようなイディオムも同じく construction である．主語に据えられる名詞や代名詞は義務的に決まっているわけではなく，時制も過去形に固定されているわけでもないため，語よりも抽象的な側面をもち合わせている（エヴァンス 2014，邦訳：267）．

　このように見てみると，先に construction を「構文」に加え「構成体」とも記した理由がおのずと理解いただけるだろう．なお，抽象的なパターンを**構文**（construction），その具体的な事例を**構成体**（construct）と区別する場合もある（大谷 2019: 38-42；文献案内参照）．

■文　献

Bolinger, Dwight（1977）*Meaning and Form.* Longman.

Evans, Vyvyan（2014）*The language myth: Why language is not an instinct.* Cambridge University Press.（辻幸夫 他（訳）（2021）『言語は本能か：現代言語学の通説を検証する』開拓社.）

Goldberg, Adele E.（1995）*Constructions: A construction grammar approach to argument structure.* University of Chicago Press.

平沢慎也（2014）「『クジラ構文』はなぜ英語話者にとって自然に響くのか」『れにくさ』**5**（3）：199-216.

池上嘉彦（1995）『〈英文法〉を考える：〈文法〉と〈コミュニケーション〉の間』ちくま学芸文庫.

町田章（2019）『Thinking for Writing: 英語的発想を学ぶための英作文と英文法』音羽書房鶴見書店.

Taylor, John R.（2003）*Linguistic categorization.* Third edition. Oxford University Press.（辻幸夫・鍋島弘治朗・篠原俊吾・菅井三実（訳）（2008）『認知言語学のための 14 章〈第三版〉』紀伊國屋書店.）

メンタルコーパス
―母語話者がもつ言語知識―

Mental Corpus

●実例に触れて考えてみよう

英語文化圏では，コーヒーを注文したときに，"Need room?"と聞かれることがある．どのような返答を期待されているか考えてみよう．

"Hold the pickles."——想像してほしい，どういう意味なのか．英語母語話者であれば疑問の余地がないことであっても，経験値が少ない英語学習者には理解が及ばず，もどかしい思いをすることがある．知っている文法と語彙の知識を組み合わせても，ピンとくる意味にたどり着けないからだ．

解釈の候補を絞り込むために，コンテクストを敷いてみよう．ハンバーガーをオーダーする人の発話だとしたらどうだろうか．「ハンバーガーを注文するときにピクルスということは…ピクルスはいらないということだろう」と経験をもとに想像することはできるだろう．

それでもなお，「なぜ hold と the pickles で『ピクルスを抜いてください』になるのか．なんだか逆な感じがするけれど…」ともやもやするかもしれない．ところが，繰り返しこの表現に出会うと，いつしか違和感は軽減され，自分の中になじんでくる感触をもてるようになる．ここまでくれば，"Hold the X" という形式が内在化されており，「わさび抜きで」や「ケチャップなしで」など自在に使えるようになっている．

本章では，**メンタルコーパス**（mental corpus）という考え方を学び，母語話者がもつ言語知識がどのように蓄積されているか見ていこう．

◇7.1　用法基盤モデル

　第1章で述べたように，言語学の目標は，母語話者が当該言語を使うことを可能にしている言語知識の解明である．生成文法においては，言語能力と言語運用を峻別し，普遍文法（UG）や理想的話し手を想定することで前者のみを研究対象に定めた．時速200 km で走行することができる自動車のタイヤがパンクしたからといって，時速200 km を出す性能そのものを失ったわけではない，といわれれば，能力と運用を切り離して考えることができるようにも思えてくる．ただ，この種のたとえは，あくまでたとえであって，ややもすると論点の致命的な見落としに陥る危惧がある．

　対照的に，認知言語学は，**経験基盤主義**（experimentalism）という基本方針のもと，言語知識は実際の言語運用から抽出・蓄積されていくという立場に立つ．これを，用法基盤モデル（usage-based model）という．このモデルにおいては，あくまで言語記号は形式と意味の対応関係にあり，語彙と文法は明確に区別される別領域の概念ではなく，むしろ連続体をなしていると考える．先に挙げた"Hold the pickles." には，3つの語が確認されるものの，少なくとも，命令文，冠詞，名詞の複数形といった文法の関与なくしては成立しえず，言語使用に際しては，語彙と文法は不可分の関係にあるといえるわけである．

　では，言語使用の実態にいかに迫るか，コーパスについて見てみよう．

◇7.2　言語研究に不可欠なコーパス

　従来の言語研究では，母語話者による内省で容認度を判断したり，例文を作成したりすることで議論が展開されてきた．これには，母語話者によって判断に差が出たり，作例に好みや偏りが出たりと弊害もあった．今では，テクノロジーの発展により，言語研究にコーパスが用いられることが多くなり，母語話者による特定のバイアスを回避し，言語の使用実態に即した議論をすることができるようになった．

　コーパス（corpus）とは，実際に使用された言語データが蓄積されたデータベースのことである．コーパスを活用することで，特定の語の使われ方をある程度網羅的に把握することができるようになった．今では，言語研究はもちろんのこと，英語教育や辞書編纂にも活用されている．

　"beget" という動詞を例に Wordbanks というコーパスのデータを見てみよう．

総件数：3件（0.00／1M語）　採用：3件　**基本形**　サブコーパス指定: 無		
1	Money	begets	money
2	Money	begets	money
3	:PERSON: , the French economist , believes that money	begets	money and the benefits of economic success go to the

図 7.1　beget のコーパスデータ①（Wordbanks. 2021 年 5 月 14 日検索）

総件数：17件（0.03／1M語）　採用：17件　**基本形**　サブコーパス指定: 有		
1	was branded a child abuser and a prime example of violence	begetting	violence .
2	As it is said , violence	begets	violence .
3	I was trying to illustrate how violence	begets	violence .
4	' Violence	begets	violence , ' said :PERSON: .
5	Violence	begot	violence , as increasingly well-armed and effective
6	Let us remember that violence	begets	violence whilst tolerance begets peace . "
7	When the men look for dignity in their duty , violence	begets	violence , spiraling out of control into chaos .
8	ear 's Insomnia as another haunting film about how violence	begets	violence , and how grownups must strive to be virtuo
9	ly-does :ORGANISATION: 's point come full circle : violence	begets	violence .
10	ly fragments can not be shored against the ruins : violence	begets	violence .
11	Violence only	begets	violence .
12	denies that he is simplistically postulating that violence	begets	violence .
13	, and film-noir fans will savour its world-view : violence	begets	violence , and justice is forgotten amid selfish des
14	Maybe it 's self-perpetuating , where violence in films	begets	violence in books begets more violence when they are
15	The simple-minded message is that violence	begets	violence .
16	Violence	begets	violence .

図 7.2　beget のコーパスデータ②（Wordbanks. 2021 年 5 月 14 日検索）

目的語には人名や children が配置されることが多いようで，古英語期の「男性が子をもうける」という意味が脈々と受け継がれていることが確認される．しかし，特筆すべきは，"X beget X" という形での使用例が多いことである．"begets" の前後には，同じ名詞が配置され「金が金を生む」（図 7.1），「暴力は暴力を生む」（図 7.2）といった事態の連鎖を表現する際に好んで用いられるという使われ方が分かる．

　もう一つ例を見ておこう．"the reason...is because SV" は，書き言葉と話し言葉の別を問わず，理由を述べる際に頻繁に用いられる定型的な表現である．ところが，辞書や文法書を見てみると，「"the reason...is because SV" は誤り．正しくは the reason...is that SV」といった記述があちこちに見られる．英語母語話者にたずねてみても，多くは「"the reason...is that SV" のほうがよい」といった回答が返ってくる．はたして，"the reason...is because SV"（以下，RB パターン）は間違った表現として片付けてしまってよいのだろうか．"the reason...is that SV"（以下，

表**7.1**　BNC/Wordbanks における RT/RB パターンの検索結果（八木橋 2019: 80）

	コーパス	+2	+3	+4	+5	合計
reason that	BNC	342	39	139	127	647
	Wordbanks	240	28	80	89	437
reason because	BNC	8	4	9	39	60
	Wordbanks	28	8	22	62	120

RT パターン）とどんな点で違いがあるのだろうか．コーパスのデータで検証してみよう．

　表7.1 は，**British National Corpus**（BNC）と **Wordbanks** というコーパスのデータを整理し表にしたものである．+2, +3, +4, +5 の欄はそれぞれ，that/because が reason の 2 語／3 語／4 語／5 語後ろに出現しているときの用例数を示している．正用法といわれるだけあって，RT パターンはどの位置でも安定的に用いられているが，注目すべきは，RB パターンも一定の出現頻度があること，そして reason から離れれば離れるほど用例数が増加する傾向にあるという点だ．

　では，実際の使われ方を見てみよう．以下の（1）～（4）は，RB ／ RT の両パターンが観察されるエバンズ（Evans 2014）から抜き出されたものである．（1）（2）は RT パターン，（3）（4）は RB パターンである．

(1) One reason is that the language-as-instinct thesis provides a complex and self-supporting worldview....
（その理由の 1 つとして，言語本能説が，多数のテーゼを含む複雑で自立的な世界観を呈するものであることが挙げられる．）

（Evans 2014: 64-65，邦訳から引用，下線は筆者）

(2) The reason, presumably, is that, if the central purpose of language is to facilitate communication, then at least two people would simultaneously have had to acquire....
（言語の中心となる目的がコミュニケーションを容易にすることであるとすると，少なくとも二人の人が同時に（中略）を経験しなければならなかった，というのがおそらく理由であろう．）　　　　（ibid: 256，邦訳から引用，下線は筆者）

(3) The reason this decidedly odd-sounding procedure works, in this instance, is because the hand shapes and gestures used by sign languages are often iconic － they represent the thing they stand for.
（この場合に決定的に奇妙な音が作られる手順がある．その理由は，手話言語によ

って使われる手指動作や身ぶりがしばしば累増的であるからである．すなわち，形式とそれが表す意味には何らかの関連性があるのである．）

(ibid: 54，邦訳から引用，下線は筆者)

(4) ...<u>the reason</u> that children, any normally developing children, can grow up learning to use the words of their mother tongue – Icelandic, Tongan, English or whatever – <u>is because</u> we are all born with a universal language of thought: Mentalese.

（アイスランド語，トンガ語，英語，あるいは何語であれ，正常に発育している子どもたちが成長して母語の語彙を使えるようになるのは，私たちはみなメンタリーズという普遍的な思考の言語を持って生まれてくるからということになる．）

(ibid: 163，邦訳から引用，下線は筆者)

英語母語話者が推敲を重ねてもなお，(3)(4) においては，RB パターンの使用に違和感を覚えなかった可能性が高い．同一の書き手が同一の書物の中で，両パターンを無意識的にも使い分けているとしたら，それは単に形式の問題ではなく，それぞれが独自の機能を果たしていると考えるのが妥当だろう．このように，データを見てみると，RB パターンを誤りとして単純に退けることには慎重にならなければならないと思えてくる（RT／RB パターンについては八木橋（2019）参照）．

◇ 7.3 母語話者の容認度判断はどれほど妥当なのか

ところで，辞書や文法書を含む多くの文献で，RB パターンは非標準用法または誤用としてわざわざ取り上げられるのはなぜだろうか．裏を返せば，実に多くの使用実績があるからだと考えられる．よく「英語のネイティブがおかしいといってた」といった発言を耳にするが，データを見ることもぜひ大切にしてほしい．以下の引用は，母語話者の内省による容認度判断には慎重になる必要性を述べたものである．

> 残念ながら，使用法についての内省による判断は実際に観察される使用法と必ずしも一致しない．…（中略）…母語話者は，よく考えてみると「非標準的な」，「非論理的な」，さらには「間違った」言い方のような気もしてくる表現を，自分が日頃使用しているとは認めたがらない場合があるのだ．　（Taylor 2012: 10，邦訳から引用）

次の引用は，母語話者の容認度判断と自然な言語使用には乖離が存在する可能性を示唆するものである．

A reader questioned whether I should have written the reason is ... that rather than the reason is ... because. He is right. The offending sentence was:

The reason for a semicolon in the second example is because you're introducing a new clause.

I should have written:

The reason for a semicolon in the second example is that you're introducing a new clause.

The reason is that because is redundant.

（ある読者から，the reason is ... because ではなく the reason is ... that と書くべきではなかったのかと指摘があった．そのほうが正しい．問題の一文は「第2例でセミコロンが用いられている理由は，新しい節を導入しているからだ」というもので，「第2例でセミコロンが用いられている理由は，新しい節を導入していることだ」と書くべきであった．理由は，because が冗長であることである．）

（http://www.onlinegrammar.com.au/reason-is-that-versus-reason-is-because/［2016 年 11 月 18 日アクセス］）

　これは，英語学習者を含む一般の方々から寄せられた疑問に英語の専門家が答えていくサイトからの引用である．講師が無意識にも RB パターンを使用したことに対し，読者から誤りだと指摘が入ったようである．それに対し，講師は，改めて考えると RB パターンの使用は誤りであったと述べている．この一節に潜む大変興味深い事実は，他者から指摘されなければ見過ごすほど，RB パターンはごく自然に使用されていたという点である．

　　（前略）…この自然な言語運用こそが言語の本来の目的，規則性，多様性，制約，変容，等を最も良く反映しており，さらにその背後にある認知的側面と社会的側面とを同時に如実に反映する（後略）…　　　　　　　　　　　　（﨑田・岡本 2010: 10）

　この「自然な言語運用」については，いわゆる用法基盤の観点から，テーラーも言及しており，コーパスに基づく言語研究の意義が明快に論じられている．

　　母語話者が「自分は日頃こういう表現を使っている」と言ったり思ったりしていることは，かなり割り引いて受け取る必要がある．われわれは実際のデータ，すなわち，母語話者が「実際に使っている表現」の記録に目を向ける必要がある．

　　　　　　　　　　　　　　　　　　　　　　　（Taylor 2012: 11，邦訳から引用）

　いまや，コーパスは言語研究に不可欠な存在だと分かるだろう．

◇ 7.4　母語話者には分かる自然な言いまわし

こんな経験はないだろうか．文法や語彙を一生懸命覚え，英作文を書き，英語母語話者（たとえば ALT）にそれを見せると「文法的には合っていると思うけど，普通はこういう言い方をしない．こうすればいいよ」とさらっと直されるが，なぜ直されるのか理由は教えてもらえない．英語母語話者にとっては，直感的にわかることでも，いざ説明を求めると説明できない．やはり言語は暗黙知の様相を呈しているわけである．

英語の自然な言いまわしへの習熟は，まずは慣習を受け入れるところからはじまる．次の例を見てみよう．

(5)　The trip was a total failure.

(6)　The trip was a total success.　　　　　　　　　　　　　　　　(Taylor 2012: 3)

"The trip was a total" までは一緒であるほか，failure も success もともに名詞であり，文法的には容認可能な文だといえる．しかし，(5) のほうが (6) よりも**英語らしい言いまわし**（idiomatic English）であるという．文法的には同格であるにもかかわらず，どうして "a total failure" のほうが "a total success" よりも自然に響くのか．コーパスのデータを見てみよう．

図 7.3 は，British National Corpus（BNC）のデータで，形容詞 total の後ろに配置される名詞のランキングである．failure は 20 位で 52 例，success は 81 位で 17 例確認できる．順位にして 4 倍，データ数にして 3 倍も failure のほうが多く使われていることが分かる．

> 話し手は，『total + 名詞』という表現に接した回数を頭の中に記録していることになる…（中略）…(1) の文に関する直観によれば，話し手は言語に接した経験―この場合，語の組み合わせに接した頻度―を潜在的に記憶しているということが強く示唆される．　　　　　　　　　　　　　　　(Taylor 2012，邦訳から引用)

つまり，実例データベースであるコーパスのような言語記録の集積体が，わたしたちの記憶の中にもあるという示唆であり，いわば「メンタルコーパス」に貯蔵されている過去の言語経験が自然な言いまわしかどうかを直感的に判断させているということである．

行数:100【基本形】　ソート:共起頻度			
Rank	**0**	**1**	
1	total	number	603
2	9859	cost	261
3		population	232
4		amount	223
5		value	123
6		quality	111
7		expenditure	104
8		income	95
9		loss	81
10		output	78
11		area	71
12		control	70
13		ban	69
14		lack	68
15		volume	68
16		sales	65
17		energy	61
18		darkness	54
19		employment	53
20		failure	52
21		budget	49
22		market	49
23		commitment	46
24		length	46

行数:100【基本形】　ソート:共起頻度			
Rank	**0**	**1**	
76	total	weight	18
77	9859	charge	17
78		package	17
79		power	17
80		process	17
81		success	17
82		variance	17
83		bill	16
84		electorate	16
85		ignorance	16
86		land	16
87		support	16
88		ascent	15
89		bile	15
90		level	15
91		liability	15
92		service	15
93		victory	15
94		disarray	14
95		dna	14
96		indifference	14

図 7.3　total と名詞のコロケーション

◇ 7.5 「正しさ」はどこからくるのか？

（7）はインターネット上で見かけた英文である．これは，文法規則から逸脱しているため非文であると退けられるだろうか．

（7）McDonald's Is McDonald's Is McDonald's.

おそらく別人だと思われる人が（7）と同じ英文を別のところでも書き記している．わたしたちのメンタルコーパスには，この表現が自然に響く何かしらのデータが貯蔵されているのではないかと推察される．

（8）A rose is a rose is a rose.

ご承知の通り，これはアメリカの小説家 Gertrude Stein の言葉で，「バラはバラであり，それ以上でもそれ以下でもない」という意味である．普通とは異なるからこそ発揮されるレトリック効果が感じられる．（7）をよく見ると, Stein の言葉と同じく【X is X is X】という共通項を見出すことができる．「ある言語の話者に

とってある表現が自然な表現と感じられる」とはどういうことなのか？　この問題について，平沢（2014）はテーラー（Taylor 2004）の議論を次のように紹介している.

> ある言語 L においてある言語表現 E がしっくり来る自然な表現と感じられるのは，E と似ていると感じられる他の表現 E', E'', E''', ... がその言語体系の中に存在し，それらが共謀して E に ecological niche を与えているからである.　　　（平沢 2014: 199）

　（7）の文は，慣習的な（8）の文によって生態的地位（ecological niche）を与えられ，結果，英文として自然に感じられるというわけである.

◇ 7.6　社会の動きが言語に与える影響

次の英文はある有名なセリフである. ご存じだろうか.

（9）..., to boldly go where no man [no one] has gone before
　　　（「力強く進め　前人未踏の彼方へ」）

1990 年代に入ると，いわゆる gender-free な表現が好まれることとなり，no man は no one に置き換えられた. これは，テレビ番組・映画 *Star Trek* の冒頭で毎回流れていたおなじみのセリフである. この言いまわしには，規範文法においては間違いだといわれてきた，**分離不定詞**（split infinitive）という文法項目が含まれている.

　分離不定詞とは「to と動詞の原形の間に副詞が挿入された to 不定詞」のことで，"to boldly go" の箇所が該当する. Google Books Ngram のデータを見てみよ

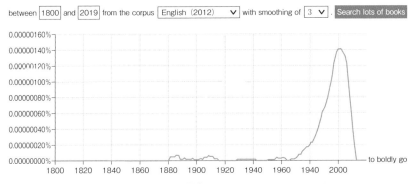

図 7.4　"to boldly go" に関する Google Books Ngram データ

う（図 7.4）．これは特定の単語や成句がどの程度頻繁に書籍に出現しているかを過去 5 世紀にわたって追跡し，表示できるツールである．テレビドラマとして放送が開始された 1966 年あたりから使用頻度が高まっていることが分かる．

　"to boldly go" を Google 検索してみると，*Star Trek* だけでなく，歌詞や本のタイトル，会話などでも使われていることが分かる．つまり，この表現は，規範的には正しくないとされながらも，十分に市民権を得ていた可能性があるということである．さらに，"to not go" と調べてみても，1980 年代から使用頻度が高まっていることが確認された．ほかにも検討しなければいけないことはあるものの，分離不定詞が許容される萌芽のひとつとして，*Star Trek* の放送を挙げることができそうである．

　このように，言語は静的で閉じられた記号体系ではなく，社会的な影響を受けながら変容する可能性も秘めた，まさに開放的な性質をもち合わせているのである．

📖🔍 練習問題

1. "Off with his head." という表現は規範から逸脱しているように思われるが，それでも英語表現として自然なのはなぜか調べてみよう．
2. 「辞書＋文法書モデル」について調べ，メンタルコーパスとどういう点で考え方が異なるか考えてみよう．
3. コーパスで high と tall のコロケーションを調べ，使い分けを考えてみよう．

📖🔍 実例で学ぶアクティブラーニング課題

　アメリカ大統領の演説で，分離不定詞を多用した大統領は誰かを調べ，どういう表現効果があったのか考えてみよう．

📚 文献案内

● 平沢慎也（2016）「仕組みを理解することと，丸ごと覚えること：sit up and take notice から学ぶ」『東京大学言語学論集』**37**：71-90．
　　近年，「理解を伴う学習をすれば，文法やイディオムは丸暗記しなくてよい」といわれることがあるが，最終的には覚えておかなければ使えない．タイトルの通り，英語学習に関して，仕組みを理解することと丸ごと覚えることについて筆者の卓越した考えが示されている．

- 平沢慎也（2019）『前置詞 by の意味を知っているとは何を知っていることなのか：多義論から多使用論へ』くろしお出版.

　　前置詞 by の膨大な実例をもとに，英語母語話者が具備していると想定される言語知識に迫る刺激的な1冊．言語は使用されることで形作られるとともに学ばれていくものだと実感させられる．あわせて，平沢慎也（2021）『実例が語る前置詞』（くろしお出版）も参照されたい.

- ジョン・R・テーラー，瀬戸賢一（2008）『認知文法のエッセンス』大修館書店.

　　認知文法の諸相をコンパクトに論じている．本章と深くかかわるのは第14章「イディオムはおもしろい」と第15章「構文には意味がある」であり，必読と言えるほど興味深い記述が並んでいる.

- 住吉誠・鈴木亨・西村義樹（2019）『慣用表現・変則的表現から見える英語の姿』開拓社.

　　文法や規則として一般化されづらい慣用表現や（規範からの）逸脱表現を取り上げ，英語という言語の生の姿の一端を提示している1冊.

- 小学館コーパスネットワーク〈https://scnweb.japanknowledge.com/〉

　　本文で用いた British National Corpus（BNC）や Wordbanks に関する詳細が記載されている．いずれも有料であるが，大学等の機関で利用契約を結んでいる場合がある．なお，Sentence Corpus of Remedial English（SCoRE）や The Corpus of Contemporary American English（COCA）など，無料で使用できるコーパスもある.

⬛ コラム 7　談話レベルのメンタルコーパス

　　学生の英語ライティング答案を眺めていると，母語である日本語が「透けて見える」という感覚を覚えることがある．語彙や文法の選択という点で，センテンスレベルでは適格な英文を書くことができる学習者であったとしても，文章を作成するとなると，日本語がより一層「透けて見える」印象がある．英語で書かれてはいるものの，思考レベルでは母語である日本語が主導権を握ったままの状態にあることが原因であると考えられる.　　　　　　　　　　　　　　　　　　　　　　　　　　　　　（八木橋 2021: 369）

　　日英対照研究は，英語と日本語で異なる，好まれる事態把握の仕方や表現パターンが存在することを，言語構造の様々なレベル（語・文・談話）で検証してきた．「する・なる」，「人物中心・状況中心」，「話し手責任・聞き手責任」，「客観的把握・主観的把握」，「ポライトネス・わきまえ」，「結果志向・過程志向」のほか，文化とコミュニケーションスタイルを類型化し，言語使用や表現方法を動機づけていると想

定される思考体系が言語ごとに異なることを指摘した研究もある．これは当該言語経験の蓄積によって徐々に内在化されていくものであり，まさしくメンタルコーパスの一側面であるといってよいだろう．

　上記引用を見れば，センテンスを紡いで談話を構成する段階でも，言語によって異なる**好まれる談話展開パターン**が存在すること，そして英語学習においては，そのパターンの涵養に向けた教育手法の開発が求められていることは明らかである．

■文　献

Evans, Vyvyan.（2014）*The language myth: Why language is not an instinct*. Cambridge University Press.（辻幸夫・黒滝真理子・菅井三実・村尾治彦・野村益寛・八木橋宏勇（訳）（2021）『言語は本能か：現代言語学の通説を検証する』開拓社.）

平沢慎也（2014）「『クジラ構文』はなぜ英語話者にとって自然に響くのか」『れにくさ』**5**（3）：199-216.

﨑田智子・岡本雅史（2010）『言語運用のダイナミズム』研究社.

Taylor, John R.（2004）The Ecology of Constructions. Günter Radden and Klaus-Uwe-Panther（eds.）*Studies in Linguistic Motivation*. 49-73. Mouton.

Taylor, John R.（2012）*The mental corpus: How language is represented in the mind*. Oxford University Press.（西村義樹・平沢慎也・長谷川明香・大堀壽夫（編訳）（2017）『メンタル・コーパス：母語話者の頭の中には何があるのか』くろしお出版.）

八木橋宏勇（2019）「母語話者の内省とコーパスデータで乖離する容認度判断：*the reason... is because...* パターンが妥当と判断されるとき」森雄一・西村義樹・長谷川明香（編）『認知言語学を紡ぐ』71-89. くろしお出版.

八木橋宏勇（2021）「用法基盤モデルに基づく英語ライティング教育：期待される情報と好まれる談話展開の涵養に向けて」児玉一宏・小山哲春（編）『認知言語学の最前線：山梨正明教授古希記念論文集』361-383，ひつじ書房.

第**8**章

松井真人

イメージ・スキーマと意味拡張

Image Schemas and Semantic Extension

●実例に触れて考えてみよう

次の 3 つの文にある前置詞 over の意味を比較し，どのように異なるか考えてみよう．

(1)	The plane flew over the hill.	(Lakoff 1987: 421)
(2)	Sam waked over the hill.	(Lakoff 1987: 422)
(3)	Sam lives over the hill.	(Lakoff 1987: 423)

◇ 8.1　イメージ・スキーマとは何か

　言葉の意味を知ろうとして英和辞典や国語辞典を引くと，一つの表現に対して複数の意味が記載されていることがある．一つの語や表現が複数の意味をもつことを**多義**（polysemy）といい，複数の意味をもつ語を多義語という．なぜ一つの語が複数の意味をもっているのだろうか．

　言葉の意味は時間の経過ともに変化することがある．意味が変化した後に，元の意味が消えてしまうこともあるが，元の意味が消えずに新しい意味と共存することがある．このプロセスが繰り返されることによって，一つの語に結びついている意味の数が増えていく．このような現象を意味拡張という．意味拡張は決して無秩序に起こるわけではない．元の意味と拡張した意味の間には必ずなんらかの関連性があり，無関係な意味へと拡張することはない．それでは多義語の意味の間にはどのような関連性があるのだろうか．本章では言葉の意味と意味拡張のメカニズムについて，私たちの心の中に記憶されているイメージ・スキーマとよばれる抽象的なイメージに焦点を当てながら考えていこう．

　私たちは，「コップに水を入れる」，「教室に入る」，「財布からお金を取り出す」，「店で買ったモノを袋に入れる」，「食べ物を摂取して排泄する」といった行為を日

図 8.1　容器のイメージ・スキーマ（Lakoff 1987: 457）

常生活の中で頻繁に行っている．このような何度も繰り返される身体経験から，例えばコップのイメージ，教室のイメージ，財布のイメージのような個別具体的な物についてのイメージが心の中に形成される．さらに私たちは，そのような様々な物に関する経験から，それらに共通する構造（スキーマ）を取り出す能力をもっている．例えば上記の物に関する経験から抽出される構造は，「内部と外部を区別する境界」からなる構造である．このような，日常的に繰り返される身体経験の中から抽出される抽象的な構造を**イメージ・スキーマ**（image schema）といい，私たちは多くの種類のイメージ・スキーマを心に記憶している（Johnson 1987, Lakoff 1987）．「内部と外部を区別する境界」という構造をもつイメージ・スキーマは**容器のイメージ・スキーマ**（container schema）とよばれており，図で示せば図 8.1 のようになる．

　イメージ・スキーマは，「主語 - 述語」という構造をもつ命題内容ではないし，個々の物についての具体的イメージでもない．例えば，容器のイメージ・スキーマは「X が Y の中にある」という命題内容でも，コップのような特定の容器についての具体的なイメージでもない．このイメージ・スキーマは，日常的に繰り返される「出入り」，「出し入れ」という身体経験から抽出される，それらの経験に共通した高度に抽象的な構造であり，パターンである．したがって，イメージ・スキーマを図で示す場合，その図はイメージ・スキーマの特徴の一部を示しているにすぎない．

　容器のイメージ・スキーマの場合，容器の形は必ずしも図 8.1 のように四角である必要はなく，そこに入っている内容物も円形である必要はない．また，皿，コップ，丼のように，必ずしも空間領域が閉じていなくてもよい（山梨 1995: 99-101）．イメージ・スキーマを図で表現するには，なんらかの形で描かざるをえないので，便宜的に図 8.1 のように表記しているが，実際の容器のイメージ・スキーマは，様々な大きさや形をもつ容器とみなしうるものに共通する構造である．

　容器のイメージ・スキーマ以外にも，私たちが身体経験を通して創り出し，心に記憶しているイメージ・スキーマは数多くある．例えば，居間から寝室へ行く，教室から学生食堂へ行く，家から会社へ行くというように，私たちは日常生活の中で様々な移動の経験をしている．このような身体経験からは**経路のイメージ・スキーマ**（path schema）が抽出される．このイメージ・スキーマは「起点，目的地，その両者を結ぶ場所の連なり，方向」という要素を含む構造をもっている．この他にも「バランス」，「中心・周縁」，「部分・全体」，「つながり」，「周期」，「遠・近」，「上・下」，「前・後」などの様々なイメージ・スキーマがあると考えられている（Johnson 1987: 126，Lakoff 1987: 272-275）．

　私たちは，日常生活の中で出会う様々な活動や現象をイメージ・スキーマに基づいて理解している．例えば，(1) の文章を見ると，朝起きて一日がはじまる数分間の間だけでも，様々な物や状態を容器のイメージ・スキーマに基づいて理解していることがわかる．斜字体の副詞や前置詞に注意しながら読んでみよう．

(1) You wake *out* of a deep sleep and peer *out* from beneath the covers *into* your room. You gradually emerge *out* of your stupor, pull yourself *out* from under the covers, climb *into* your robe, stretch *out* your limbs, and walk *in* a daze *out* of the bedroom and *into* the bathroom.　　　　　　　　　　　　　(Johnson 1987: 30-31)

(1) の斜字体の語を含む表現では，表 8.1 に挙げられている物や状態が容器に見立てられ，理解されている．

　このように私たち人間は，日常生活の中で頻繁に繰り返される身体経験から抽出されたイメージ・スキーマを身のまわりの様々な事物に適用し，それらを理解

表8.1　容器のイメージ・スキーマによる理解

表現	容器とみなされているもの
wake *out* of a deep sleep	深い眠り
peer *out* from beneath the covers	寝　具
into your room	部　屋
emerge *out* of your stupor	無感覚状態
pull yourself *out* from under the covers	寝　具
climb *into* your robe	部屋着
stretch *out* your limbs	胴　体
walk *in* a daze	ぼうっとした状態
out of your bedroom	寝　室
into the bathroom	浴　室

している．そして，そのような外部世界の理解の仕方が，多くの言葉の意味に反映している．

◇ 8.2　イメージ・スキーマと言葉の意味

本節では，イメージ・スキーマと言葉の意味の関係を，容器のイメージ・スキーマに焦点を当ててさらに詳しく見ていこう．英語の in, into, out の意味は，容器のイメージ・スキーマによって動機づけられている．(2) の移動の意味を含まない in は，まさに図 8.1 で示した容器のイメージ・スキーマを表している．

(2) Mary is *in* the classroom.

しかし，(3) の into や in は，外側から内側への移動の意味を含んでいるため，図 8.1 のスキーマとは少し異なる図 8.2 のような容器のイメージ・スキーマを表していると考えられる．

(3) Mary went *into*（*in*）the classroom.

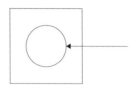

図 8.2　外側から内側への移動を含む容器のイメージ・スキーマ

(4) の out にも移動の意味が含まれているが，これは図 8.2 の場合とは逆向きの移動である．したがって，out は図 8.3 の容器のイメージ・スキーマを表していると考えられる．

(4) Mary went *out* of the classroom.

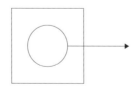

図 8.3　内側から外側への移動を含む容器のイメージ・スキーマ

図 8.2，図 8.3 のイメージ・スキーマは図 8.1 のイメージ・スキーマに若干の変形が加わったものであり，矢印で示されている移動の要素が加わっている．後で

詳しく述べるが，基本となるイメージ・スキーマに変形が加わることを**イメージ・スキーマ変換**（image-schema transformation）といい，これも言葉の意味拡張の基盤の一つとなっている．

前節で見たように，私たちはコップや財布だけでなく，部屋，寝具，胴体といった様々な対象にも容器のイメージ・スキーマを当てはめ，それらを容器として理解している．しかし，そのような物理的対象だけでなく，社会的な対象や抽象的な対象にもイメージ・スキーマを当てはめ，それらを一種の容器として理解している．そのような理解のあり方が反映している文を見てみよう．

(5) a. The present is in the box.

 b. My brother is in high school.

 c. My brother is in love.

 d. My brother is in trouble. (河上 1996: 47)

(5) の各文の in は容器のイメージ・スキーマを表している．(5a) の in は最も基本的な意味をもっており，容器のスキーマが物理的空間領域に適用されている．一方，(5b) では社会的領域，(5c) では心理的領域，(5d) では状態の領域に容器のイメージ・スキーマが適用され，それぞれ高校，恋愛，困難という抽象的な対象が容器として理解されている．

このように，ある概念領域にかかわるイメージ・スキーマを別の概念領域に適用することを**写像**（mapping）あるいは**メタファー写像**（metaphorical mapping）といい，写像によって概念領域を理解する認知的な営みを**概念メタファー**（conceptual metaphor）という（第 4 章参照）．(5) の場合，コップに水を入れる，財布からお金を取り出す，教室に入るといった直接的・具体的な身体経験を元にして心の中に形成された容器のイメージ・スキーマを社会的組織，心理，状態といった抽象的で理解しにくい対象へと適用することによって，それらの対象が理解されている．そして，そのような理解のあり方が (5) の in の意味に反映しているのである．このようなイメージ・スキーマのメタファー写像も，言葉の意味拡張の一つの重要な基盤となっている．

◇8.3 over の意味拡張 1 ―具体的事例のリンクと類似性のリンク―

前節では，イメージ・スキーマが言葉の意味を動機づけていることを見た．また，イメージ・スキーマ変換やイメージ・スキーマのメタファー写像によって，

語がもつ複数の意味の間の関係を説明できることも述べた．以下では，イメージ・スキーマを用いた意味研究の一例として，言語学者ジョージ・レイコフ（George Lakoff）による over の多義性分析の一部を紹介する（Lakoff 1987）．

　レイコフによると，over の中心的意味は（6）に見られる over の意味である．（例文の訳は池上・河上他訳（1993）による.）この over の意味は，above と across の意味を融合させた「上方を横切る」という意味であり，図8.4のイメージ・スキーマで表すことができる．

　（6）The plane flew over.（飛行機が上空を飛んで行った.）　　　　　　　　　（Lakoff 1987: 418）

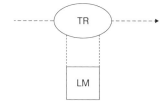

図8.4　スキーマ1：例文（6）（Lakoff 1987: 419）

　この図8.4の中で，**TR（トラジェクター：trajector）**は，言葉が表現している事態の中で最も際だつものを表し，**LM（ランドマーク：landmark）**は，その事態の中で二番目に際だち，TR を位置づけるための基準点として働くものを表している．（図8.1の容器のイメージ・スキーマの場合は，容器が LM，内容物が TR となる.）（6）では，飛行機がスキーマ1の TR として解釈され，LM に対して相対的に位置づけられている．LM はその上を飛行機が飛んでいく対象物であるが，その形は特定化されておらず，どのような形でもよい．また，矢印は TR が移動していく経路であり，その経路は LM の上にある．点線は LM の両端の境界線を表している．スキーマ1は（6）の例文に合わせて TR と LM が接触していないように描かれているが，実際にはこのスキーマは接触に関して中立的であり，TR と LM は接触していてもしていなくてもよい．次に見るスキーマ1の具体的事例であるスキーマ1-1から1-6には，TR と LM が接触しているものもしていないものもある．

　（7）〜（12）の各文に含まれる over の意味を表しているスキーマ1-1から1-6（図8.5〜8.10）は，スキーマ1よりも具体的な内容をもっている．

　（7）The bird flew over the yard.（鳥が庭の上空を飛んで行った.）

(8) The plane flew over the hill.（飛行機が丘の上空を飛んで行った．）

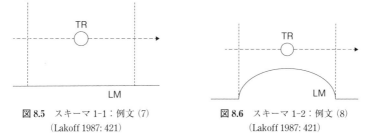

図 8.5 スキーマ 1-1：例文（7）　　　　図 8.6 スキーマ 1-2：例文（8）
(Lakoff 1987: 421)　　　　　　　　　(Lakoff 1987: 421)

(9) The bird flew over the wall.（鳥が壁を越えて飛んで行った．）

(10) Sam drove over the bridge.（サムはその橋を車で渡った．）

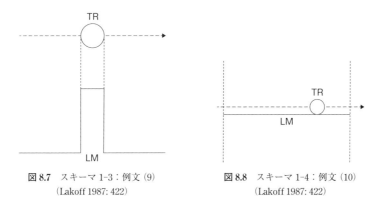

図 8.7 スキーマ 1-3：例文（9）　　　　図 8.8 スキーマ 1-4：例文（10）
(Lakoff 1987: 422)　　　　　　　　　(Lakoff 1987: 422)

(11) Sam walked over the hill.（サムはその丘を歩いて越えた．）

(12) Sam climbed over the wall.（サムはその壁をよじ登って越えた．）

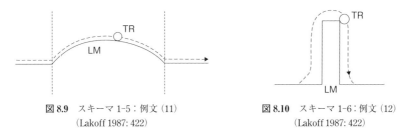

図 8.9 スキーマ 1-5：例文（11）　　　　図 8.10 スキーマ 1-6：例文（12）
(Lakoff 1987: 422)　　　　　　　　　(Lakoff 1987: 422)

スキーマ 1-1（図 8.5）は LM が水平方向へ拡張され，TR と LM は接触していない．スキーマ 1-2（図 8.6）は LM が垂直方向と水平方向へ拡張され，TR と LM

は接触していない．スキーマ 1-3（図 8.7）は LM が垂直方向へ拡張され，TR と
LM は接触していない．スキーマ 1-4（図 8.8）は LM が水平方向へ拡張され，TR
と LM は接触している．スキーマ 1-5（図 8.9）は LM が垂直方向と水平方向へ拡
張され，TR と LM は接触している．スキーマ 1-6（図 8.10）は LM が垂直方向へ
拡張され，TR と LM は接触している．

　スキーマ 1（図 8.4）では，LM の形状は特定化されておらず，TR と LM の接
触・非接触も特定化されていないが，スキーマ 1-1 から 1-6（図 8.5〜8.10）はそ
れらが特定化されている．したがってスキーマ 1-1 から 1-6 で表される over の意
味は，スキーマ 1 を具体化することによって得られた意味であり，スキーマ 1 と
スキーマ 1-1 から 1-6 は具体事例のリンク（instance link）で関係づけられている．

　スキーマ 1-1 から 1-6 は，スキーマ 1 の具体的事例であると同時に，互いが類
似性のリンク（similarity link）によって関係づけられている．例えば，スキーマ
1-1 と 1-4 は，LM が水平方向へ拡張しているという点が類似しているし，スキー
マ 1-2 と 1-5 は LM が垂直方向と水平方向へ拡張されているという点で類似して
いる．またスキーマ 1-3 と 1-6 は LM が垂直方向へ拡張している点が類似してい
る．さらにスキーマ 1-1, 1-2, 1-3 は TR と LM が接触していないという点で類似
し，スキーマ 1-4, 1-5, 1-6 は TR と LM が接触しているという点で類似している．

　スキーマ 1 とその具体的事例であるスキーマ 1-1 から 1-6 は，above と across
を融合させた「上方を横切る」という動的な意味であり，TR が移動する経路を含
んでいたが，(13) の over は，経路をもたない静的な意味をもっている．この over
は above「上方」とほぼ同じ意味であり，スキーマ 2（図 8.11）として表すことが
できる．

　(13) Hang the painting over the fireplace.（その絵を暖炉の上に掛けなさい．）

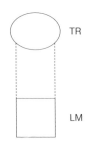

図 8.11　スキーマ 2：例文 (13)（Lakoff 1987: 425）

　スキーマ2は，スキーマ1の具体的事例であるスキーマ1-1から1-6とは異な
り，TRやLMの形状に関して制約はない．したがってスキーマ2はスキーマ1の
具体的事例ではない．しかし，スキーマ2と1は，TRがLMの上にあるという点
で類似している．つまりこれらは類似性のリンクで関係づけられている．スキー
マ2と1の違いは，スキーマ2は経路も境界線もなく，across「横切る」の意味
がないということと，TRとLMが常に接触しないという点である．

　overの中心的意味がスキーマ2ではなく，スキーマ1である理由は，スキーマ
1はTRとLMの接触に関して中立的であり，接触していてもしていなくてもよい
のであるが，スキーマ2はTRとLMが常に接触しないという特徴があるという
ことである．非接触という特徴をもつスキーマ1-4, 1-5, 1-6は，接触という特
徴をもつスキーマ2ではなく，接触に関して中立的なスキーマ1に関係づけられ
ていると考えるほうが自然である．

　以上のように，overの意味を動機づけているイメージ・スキーマの一部は「具
体事例のリンク」と「類似性のリンク」で関係づけられている．

◇ 8.4　overの意味拡張2―変換リンク―

　前節ではイメージ・スキーマを結びつけているリンクとして「具体事例のリン
ク」と「類似性のリンク」を見たが，スキーマ拡張の基盤となるさらに別のタイ
プのリンクがある．(14) と (15) のoverは物体の移動を表しておらず，サムと
いう人物が住んでいる場所やソーサリトという街の位置を表している．(14) と
(15) のoverの意味を動機づけているイメージ・スキーマは，それぞれスキーマ
1-7 (図8.12)，スキーマ1-8 (図8.13) である．

　(14) Sam lives over the hill. (サムは丘を越えたところに住んでいる.)

　(15) Sausalito is over the bridge. (ソーサリトは橋の向こうだ.)

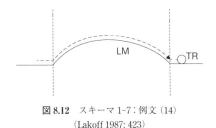

図8.12　スキーマ1-7：例文 (14)　　　　　　**図8.13**　スキーマ1-8：例文 (15)
　　　　（Lakoff 1987: 423）　　　　　　　　　　　　（Lakoff 1987: 424）

　スキーマ 1-7 や 1-8 では，TR は移動しておらず，経路の終端に位置している．つまり，経路を含むスキーマ 1-5 とスキーマ 1-4 では移動の経路そのものが焦点化されている（つまり注目の対象となっている）のに対して，スキーマ 1-7 とスキーマ 1-8 は経路の終端部分だけが焦点化されている．このようにイメージ・スキーマの一部が変化して，別のスキーマへと拡張することは**イメージ・スキーマ変換**（image-schema transformation）とよばれ，言葉の意味拡張の一つの基盤となっている．イメージ・スキーマ変換によって拡張したスキーマは，元のスキーマと**変換リンク**（transformation link）によって関係づけられている．

◇ 8.5　over の意味拡張 3 ―メタファー的リンク―

　8.2 節で，容器のイメージ・スキーマが物理的領域から社会，心理，状態といった抽象的な概念領域にメタファー写像され，後者の領域が理解されることを述べた．メタファー写像の元となる概念領域を**起点領域**（source domain），起点領域が写像され理解の対象となる概念領域を**目標領域**（target domain）という（Lakoff 1987: 276）．

　「起点領域」としてよく用いられるのは，「容器」の他に「上・下」，「前・後」，「遠・近」などの方向性にかかわるイメージ・スキーマ，「起点－経路－目的地」という構造を含む「経路」のイメージ・スキーマなどであるが，本章で見た over のイメージ・スキーマが起点領域となることもある．（16）の文の意味を考えてみよう．

　(16)　She has a strange power over me.

　　　　（彼女は私にとって不思議な力をもった存在だ．）　　　　　　　　（Lakoff 1987: 435）

　（16）の over の意味は，TR が LM の上方にあり，経路のない静的な意味をもつスキーマ 2（図 8.11）を拡張したものである．つまり，空間領域にかかわるスキーマ 2 の意味が，「支配力は上，支配力の欠如は下」（CONTROL IS UP; LACK OF CONTROL IS DOWN）という概念メタファーによって，「人に対して支配力をもつ」という社会的領域にかかわる意味に拡張したのである．したがって，これら 2 つの意味は**メタファー的リンク**（metaphorical link）で関係づけられているといえる．

　以上のように，私たちは基本となるイメージ・スキーマとそれを拡張することによって得られたイメージ・スキーマを様々な事象に適用することによって世界を理解している．そして一部の言葉の意味はそのようなイメージ・スキーマに動

機づけられている．over の事例が示すように，意味拡張は決して無秩序に起こる
ものではない．基本的なスキーマに動機づけられた意味とそこから拡張された意
味は，「具体事例のリンク」，「類似性のリンク」，「変換リンク」，「メタファー的リ
ンク」などのつながりで関係づけられており，多義のネットワークを構成してい
る．

📖 練習問題

in，over 以外の英語の前置詞あるいは副詞を一つ選び，その語の多義性（意味のネッ
トワーク）を，イメージ・スキーマを用いて説明してみよう．

📖 実例で学ぶアクティブラーニング課題

英語と日本語において「時間」の概念は，どのようなイメージ・スキーマによって理
解されているだろうか．それぞれの言語の例文を挙げながら考えてみよう．

📚 文献案内

● Johnson, Mark（1987）*The body in the mind: The bodily basis of meaning, imagination, and
reason*. The University of Chicago Press.（菅野他（訳）（1991）『心のなかの身体』紀伊
國屋書店．）

本書の中心的な主張は，私たちの身体経験の中で繰り返し現れる型としてのイメー
ジ・スキーマが，言葉の意味や推論のパターンを動機づけているということである．
特に，イメージ・スキーマがメタファーによって抽象的な意味へと拡張されるとい
うことを詳細に論じている．

● Lakoff, George（1987）*Women, fire, and dangerous things: What categories reveal about the
mind*. The University of Chicago Press.（池上他（1993）『認知意味論』紀伊國屋書店．）

本書はプロトタイプ理論に基づいて，人間が創り出すカテゴリーの仕組みについて
詳細に論じている．本書による over の多義性分析では，複数の意味をイメージ・ス
キーマを用いて示し，それらのイメージ・スキーマが具体事例，類似性，イメージ・
スキーマ変換，メタファーのリンクによって放射状カテゴリーを形成していること
を明らかにしている．

● 山梨正明（1995）『認知文法論』ひつじ書房．

本書の第4章でイメージ・スキーマが取り上げられている．イメージ・スキーマの
比喩的拡張や背景化のプロセスが日常言語の意味拡張を動機づけていることを，数
多くの日本語と英語の用例に基づいて分かりやすく示している．

コラム8　イメージ・スキーマと含意，推論

　本章で見たように，私たちは日常の身体経験に基づいて容器のイメージ・スキーマを心の中に貯えており，容器と内容物の関係について，(1) のような知識をもっている (Johnson 1987: 22, 39).

(1) a. 内容物は，容器によって外からの力から守られる.

　　b. 内容物は，その力が容器の内部に制限される.

　　c. 内容物は，その位置が容器の中に固定される．容器が移動すれば内容物も移動する.

　　d. 内容物は容器の外から見えるか，見えないかのどちらかである.

　　e. もし内容物 B が容器 A の中にあれば，B の中にあるものは A の中にある.

　　f. ものは容器の中にあるか外にあるかのどちらかである.

　このような，イメージ・スキーマの構造に含まれている意味を**含意** (entailments) という．そして「含意」は，私たちの日常的な推論の基礎となっている．例えば，「眼鏡をケースの中に入れておけば，その眼鏡は外部からの衝撃から守られる」という推論は (1a) の含意から自然に導かれ，「私が部屋の中にいるのならば，私が思いきり動くことに制限が加えられる」という推論は (1b) の含意から導かれる．さらに，「金魚鉢の中の魚はそこに留まる」という推論は (1c) の含意から，「物体は外から見えるように容器の中に留められているか，容器によって遮られて見えないかのどちらかである」という推論は (1d) の含意から，「私がベッドの中にいて，ベッドが部屋の中にあるのならば，私は部屋の中にいる」という推論は (1e) の含意から自然に導かれる (Johnson 1987: 22, 39).

　また，私たちはカテゴリーを容器に見立てて理解している．つまりカテゴリーの理解には，容器のイメージ・スキーマのメタファー写像が関与している．その結果，(1f) の含意に基づいて，すべてのものはカテゴリーの中にあるか，カテゴリーの外にあるかのどちらかであり，それ以外の可能性はないと考える．これはまさに第2章で見た古典的カテゴリー論の考え方であり，論理学ではこのような推論は，**排中律** (law of the excluded middle) とよばれている (Johnson 1987: 39).

　以上のように，言葉の意味だけでなく，私たちの日常的な推論も容器のイメージ・スキーマに動機づけられているのである.

■文　献

Johnson, Mark（1987）. *The body in the mind: The bodily basis of meaning, imagination, and reason.* University of Chicago Press.（菅野盾樹・中村雅之（訳）（1991）『心のなかの身体』紀伊國屋書店.）

河上誓作（編）（1996）『認知言語学の基礎』研究社.

Lakoff, George（1987）. *Women, fire, and dangerous things: What categories reveal about the mind.* University of Chicago Press.（池上嘉彦・河上誓作・辻幸夫・西村義樹・坪井栄治郎・梅原大輔・大森文子・岡田禎之（訳）（1993）『認知意味論』紀伊國屋書店.）

山梨正明（1995）『認知文法論』ひつじ書房.

バリエーション
―イギリス英語，アメリカ英語，そして世界の諸英語―

Variation

●**実例に触れて考えてみよう**

　　　　英語は世界中の様々な国や地域でコミュニケーションの手段として使用されている．世界にはどのような種類の英語が話されているか調べてみよう．またアメリカ英語とイギリス英語にはどのような違いがあるか調べてみよう．

　日本の英語教育では，相手が言っていることを聞き取れなかったときには，I beg your pardon? や Pardon? という表現を使って聞き返すことを教わる．また，トイレは toilet や bathroom，昼食は lunch で夕食は dinner あるいは supper，食後のデザートは dessert だと習う．しかし，イギリスに行くと Pardon? という表現はほとんど耳にしないし，dessert という語も使用されない．また，昼食の意味で dinner を使用する階級もある．中産階級以上のイギリス人は，相手の発言を聞き返すときは Sorry?（上流階級は What?，労働者階級は Wha'?）を使用することがほとんどで，フォックス（Fox 2002）によると，上流階級の親たちは自分たちの子供が pardon を使用すると激昂することがあるようである．つまり pardon という語は労働者階級の言葉であり，上流階級では決して使用されることがなく，この表現を使うことは罵り言葉といわれる四文字語（four-letter word）を使用することよりも毛嫌いされるのである．言語には使用してよい表現とよくない表現があるだけでなく，それを使う人の**アイデンティティ**を表す機能があり，他の階級や集団が使用する言葉はなにかしらの社会的な意味を伝達してしまうのである．

　このように同じ言語の話者であっても全員が常に同じように話すわけではない．発音が異なっていたり，同じものを異なる語で表したりすることもある．言語には**標準変種**（standard variety）と**非標準変種**（non-standard variety）があり，

これらの変種は地域性によって異なるだけではなく，社会階級や民族，ジェンダーなどの社会的要因によっても差異がある．社会言語学では，地域によって異なる変種を地域変種（regional varieties），社会的要因によって異なる変種のことを社会変種（social varieties）とよんで区別している．本章では，イギリスとアメリカにおける地域変種と社会変種を考察したうえで，世界における英語の現状について考えてみよう．

◇ 9.1　イギリス英語とアメリカ英語の特徴

　1607 年に国王ジェームズ I 世の許可によりイングランドはアメリカに植民地建設をはじめ，最初の定住地としてジェームズタウンを築いた．その後も清教徒たちが海を渡り，イギリスの英語は北米大陸に定着した．スワン（Swan 1984: 61）によると，**イギリス英語**（British English）と**アメリカ英語**（American English）は非常に類似しており，相互に問題なく理解することができるが，それぞれの英語で使用される語彙，綴り，文法，そして発音には差異が観察される．

> These two kinds of English are very similar. There are a few differences of grammar and spelling, and rather more differences of vocabulary. Pronunciation is sometimes very different, but most British and American speakers can understand each other.
>
> （Swan 1984: 61）

　例えば語彙に関しては，apartment / flat（アパート），elevator / lift（エレベー

表 9.1　アメリカ英語とイギリス英語の語彙の違い

	アメリカ英語	イギリス英語
トイレ	bathroom	toilet/loo/lavatory
アパート	apartment	flat
エレベーター	elevator	lift
ガソリン	gas	petrol
列	line	queue
1 階	first floor	ground floor
2 階	second floor	first floor
受付（ホテル）	front desk	reception
勘定書	check	bill
公立学校	public school	state school
私立学校	private school	public school
地下鉄	subway	tube
フライドポテト	french fries	chips

ター），first floor / ground floor（1 階），second floor / first floor（2 階）などの違いがある．また public school というとアメリカ英語では公立学校を意味するが，イギリス英語では（全寮制の）有名私立校のことである（表9.1）．綴り字に関しては，center/centre や meter/metre などのように，やはり両言語で違いが見られる（表9.2）．

　文法的側面にも違いがある．アメリカ英語では Do you have a pen? という形式の疑問文を使用するが，イギリス英語では Have you a pen? が使用される．否定文に関しては，He doesn't have any sisters. という形式の否定文を使用するが，イギリス英語では He hasn't any sisters. となる．ほかにもアメリカ英語では You don't need to help him. というが，イギリス英語では You needn't help him. となり，後者では助動詞 do が使用されないという特徴がある（表9.3）．

　発音にも差異があり，助動詞 can はアメリカ英語では /kæn/ だが，イギリス英語では /kɑn/ と発音される．car や water などの /r/ については，アメリカ英語では /r/ を発音するのが標準的だとされる一方，イギリス英語では /kɑ:/ と母音の後や音節の最後にくる /r/ を発音しない（non-rhotic）ほうが標準的だとされる．この /r/ の発音について，世界的に有名なイギリス・リバプール出身の The Beatles の楽曲における /r/ の発音を調査したトラッドギルの分析(Trudgill 1983a)

表9.2　アメリカ英語とイギリス英語の綴り字の違い

アメリカ英語	イギリス英語
honor	honour
favor	favour
meter	metre
center	centre
apologize	apologise
civilize	civilise
judgment	judgement

表9.3　アメリカ英語とイギリス英語の文法の違い

アメリカ英語	イギリス英語
Do you have a pen?	Have you a pen?
He doesn't have any brothers.	He hasn't any brothers.
You don't need to help him.	You needn't help him.
in the future	in future
I won't do it again.	I shan't do it again.

がある．トラッドギルによると，アメリカ志向が強かった The Beatles の初期の楽曲ではアメリカで一般的な rhotic な発音に近づけ /r/ を発音する割合が高かった一方で，イギリスや故郷リバプールに関しての楽曲が増えた中後期では /r/ を発音する割合が激減し，イギリス的な発音になったとのことである．つまり，彼らは発音を通じて自分たちのアイデンティティを調整していたといえる．

◇ 9.2　イギリスとアメリカの標準変種
—容認発音（RP）とジェネラル・アメリカン—

　ここまでアメリカ英語とイギリス英語のおおまかな特徴を見てきたが，それぞれの英語の中にも標準変種と非標準変種とよばれるものがある．イギリス英語の標準変種は，一般的に**容認発音**（RP: Received Pronunciation）や **Queen's English**，BBC English とよばれている．イギリス英語の標準変種は伝統的にオックスフォードやケンブリッジ，ロンドンなどの学問や政治，ビジネスの中心となっている都市に関連づけられてきた．ただ，トラッドギルの指摘では，図 9.1 が示す通り，RP を話すのはイギリスの人口の 5% にも満たない上層階級の話者たちで，地域に関係なく RP を話すという．またその一方で，社会階層が下がるほど，地域差の大きい非標準変種を使用すると指摘されている．

　一方，アメリカ合衆国における標準変種はジェネラル・アメリカン（General American）とよばれ，主として中西部や西部で話される英語をさす．アメリカでは政治や権力の中心は首都ワシントンやニューヨークなどの東海岸の大都市であるにもかかわらず，東海岸で話されている英語が標準語として考えられない理由

図 9.1　社会方言と地域方言の変種（Trudgill（1974: 41）をもとに作図）

は，ボンフィジリオ（Bonfiglio 2002）が指摘しているように，20世紀前半の移民
排斥主義や人種主義がその背後にある．つまりニューヨークなどの大都市にはユ
ダヤ系など多くの移民が流入し，20世紀に入ると人種主義的な考え方が強くなっ
た．その結果，移民が生活していないアメリカ的な地域で話されている英語が純
粋な変種であり，標準語と考えられているのである．

◇ 9.3　アメリカ国内とイギリス国内における地域変種

　英語が母語として使用されるアメリカ合衆国やイギリスでも，地域により異な
る英語の変種が使用される．このように，地域により異なる言語変種のことを地
域変種（regional varieties）という．地域変種には発音，語彙，綴りなどの違いが
みられる．

　イギリス国内の英語の変種は，イングランド，スコットランド，ウェールズ，
北アイルランドに大きく分けることができるが，イングランド以外の英語には共
通する特徴が見られるといわれる．またイングランドの英語はインハライエン
（Inhalaien 1994）によると，the north（北部），the northwest（北西部），the
county of Lincolnshire（リンカーンシャー），East Anglia（東アングリア），the
Midlands（中央ミッドランド），the extreme southeast（南東部），the southwest
（南西部）の7つの地域変種に一般的に分けられる．

　例えば北部の英語には三人称のsに関する**北部主語規則**(The Northern Subject
Rules）があり，Dogs barks. や They peel them and boils them. に見られるように，
代名詞の直後でなければ複数の現在形はsが付与されるという規則がある．その
他にも地域によってbe動詞の活用が異なったり（一人称Iのときにareやisを使
用するなど），発音や語彙，文法にも差異が認められたりすることが報告されてい
る．

　一方，アメリカ合衆国の英語ではニューイングランドの北東部，中西部，そし
て南部の3種類の地域方言に大きく分けられる（図9.2）．東部のニューイングラ
ンド地方ではイギリス英語の特徴が地域方言として残っていたり，南部方言では
母音を長母音化したり，二重母音化したりと音声的な特徴が報告されている．そ
の他にも地域によってwhichを語頭に /h/ を入れて発音したり，pinとpenを同
じ発音したり，発音の差異や語彙や文法の差異が認められる．

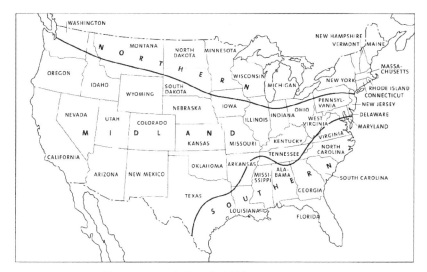

図 9.2 アメリカ合衆国の方言地図（Crystal 2002: 243）

◇ 9.4 アメリカとイギリスにおける社会変種

　本節では，階級や職業など，社会的要因によって異なる変種，すなわち社会変種（social varieties）について見ていく．われわれの社会では，ジェンダーや年齢，階級，人種，民族，職業など様々な社会的要因によって人々は区別されているが，このような社会的要因と変種には様々な点で関係性を見出すことができる．

　変異理論で有名なラボヴ（Labov 1966）の研究を見ていこう．ラボヴは，ニューヨークやフィラデルフィアなどの大都市における言語変種の調査を行い，car や floor などの母音の直後の /r/ が発音されるか否か，ing の /g/ が発音されるか否かなどの調査を行った．階級が上になるほど，/r/ や /g/ が発音されるという結果をもとに，ラボヴは標準変種と非標準変種における言語的特徴が社会階級と体系的に関連しており，標準的な変種が上層の社会階級と，非標準的な変種が下層の社会階級と関連していることを社会言語学的調査により統計的に示したのである．

　一方イギリスでは，トラッドギル（Trudgill 1974）がロンドンの北北東にあるイースト・アングリア地方のノリッジという街で社会変種の調査を行った．彼は walking や running などにおける語尾の発音や butter や bet などの t の発音，hammer や hit の語頭の h を発音するかどうかなど，発音に関する調査を実施した．ト

ラッドギルの調査でも，階級が下がると ing を /in/, t を声門閉鎖音 (glottal stops)，h を発音しないという非標準的な発音が観察され，発音の差異と社会階級の間には相関関係が認められるという結果であった．いいかえれば，発音の仕方が階級を示す指標として機能していることが分かったのである．

◇ 9.5　言語変種と話者のアイデンティティ

　言語変種のデータは，音楽や映画のようにわれわれが日々ふれている身近なデータでも観察できる．イギリスの社会変種に関する最も有名な例は，バーナード・ショー作の舞台劇『ピグマリオン』，そしてその後オードリー・ヘップバーン主演で映画化された『マイ・フェア・レディ』だろう．イギリスでは階級に対する意識が非常に強く，他の階級の発音に対して毛嫌いをすることもよくある．この『マイ・フェア・レディ』では音声学者のヒギンス教授が，労働者階級の花売りのイライザを上流階級の淑女に変えていくのだが，教授はイライザのコックニー英語 (Cockney English) を矯正し，上流階級で一般的に使用されているイギリスの標準英語である Received Pronunciation (RP: 容認発音) を使用するように指導をするのである．当時のイギリスでは，RP の社会的評価が高く，威信のある社会変種として認識されている一方，ロンドンの下町の労働者が用いるコックニー英語は否定的な評価をされていたのである．

　ヒギンス教授は毎日イライザに RP の発音を教え込むのであるが，そのときに使用された有名な "The rain in Spain stays mainly in the plain." というフレーズがある．RP ではこのフレーズは /ðə reɪn iːn speɪn steɪz meɪnli: iːn ðə pleɪn/ と発音するが，コックニー英語では a はすべて /ai/ と発音する．その他にも，コックニー英語には his や her などの語頭の h が発音されなかったり，butter など母音間の t が声帯破裂音 (glottal stop) になったり，thin や brother の th が /f/ や /v/ になったりと特徴的な発音があることが指摘されているが，このような発音が労働者階級としてのアイデンティティを示すのである．

　一方，近年では RP に対する否定的な考え方から，映画などで悪役に RP を使用させることが観察されるという (小山 2017)．マグルストーン (Mugglestone 2003) は，RP は一部の上流階級のみが使用することから，社会の中で傲慢さや排他性などの否定的な印象をもたれるようになり，『ライオンキング』などのディズニー映画の中では悪役が RP を使用する傾向が見られることを指摘している．

　RP が表すこのような指標的な意味合いから，近年では上流階級の RP 話者たちが，『マイ・フェア・レディ』のイライザとは逆のこと，つまり RP を話すのではなく，河口域英語（Estuary English）の発音に合わせようという動きが観察されるといわれている（Siegel 2010）．

　また，社会変種の一つとして African American Vernacular English（AAVE）や Black English Vernacular（BEV）などとよばれるアフリカ系アメリカ人特有の英語がある．この AAVE には発音や語彙，文法など様々な点で標準英語と異なっていることが報告されている．小説の中でもアフリカ系アメリカ人特有の英語を登場人物が話していることがある．例えば，アメリカで奴隷制度が残る南北戦争以前の南部を舞台にした『ハックルベリー・フィンの冒険』などにおいては，以下のような標準語とは異なるアフリカ系アメリカ人特有の英語が使用され，登場人物のアフリカ系アメリカ人のアイデンティティを表している．

(1) Doan' hurt me—don't! I hain't ever done no harm to a ghos'. I awluz liked dead people, en done all I could for 'em. You go en git in de river agin, whah you b'longs, en don' do nuffin to ole Jim, 'at 'us awluz yo' fren'.　　　　（*Adventures of Huckleberry Finn*）

　金水（2003）は特定のキャラクターのアイデンティティを特徴的に表す**役割語**の観点から，アフリカ系アメリカ人の話す英語に非標準的な日本語を割り当てることを指摘している．以下は『風と共に去りぬ』における黒人の侍女ディルシーとスカーレット・オハラの会話であるが，スカーレットは標準語，ディルシーは非標準語を話していることが分かる．

(2) スカーレット：ありがとうディルシー．母さんが帰ったら，相談してみるわ．
　　ディルシー：ありがとうごぜえます．お嬢様，では，おやすみなせえまし．

　このように物語の中では教育のある人物や支配する側の人物には標準語を，教育のない人物や支配される側の人物には非標準的な変種を割り当てることで，両者のアイデンティティや支配関係を表すということが行われているのである．

◇ 9.6　World Englishes（世界の諸英語）

　エリザベス I 世の時代には 700 万人程度の話者しかいなかったアングロ・サクソンの民族語であった英語が，今や世界中の多くの人々が様々な種類の英語（World Englishes: 世界の諸英語）を話すようになった．世界では様々な言語が国際的なコミュニケーションにおいて用いられているが，その中でも英語は，現代

社会においてまさに異文化間コミュニケーションの中心的な言語として世界各地で使用されている．文法学者のクワーク（Quirk）は，このような状況から，英語を「日の沈まない言語」（The language on which the sun never sets）と表現した．

　クリスタル（Crystal 1995）によると，英語の母語話者は 3 億 7 千万人程度であるが，グローバル化された世界においては，英語を第二言語や外国語（もしくは国際語）として国際コミュニケーションの場で使用している人々のほうが圧倒的に多いという．英語はもはやイギリスやアメリカ合衆国，カナダ，オーストラリア，ニュージーランドなどで母語として使用されているだけではなく，第二言語や外国語としても広く使用されているのである．いいかえれば，世界における英語使用者は自分たちの母語に加えて，英語を学んだ多言語使用者たちなのである．カチュルー（Kachru 1985）は，このような英語の現状を，母語として使用されている**内円圏**（inner circle），第二言語として使用されている**外円圏**（outer circle），外国語として使用されている**拡大円圏**（expanding circle）の 3 つの同心円を用いて特徴づけた（図 9.3）．

　さらに，カークパトリック（Kirckpatrick 2007）などは，英語という言語が世界中でリンガ・フランカ（lingua franca）として異なる母語を話す人どうしで使用されている（English as a lingua franca）ことを指摘している．リンガ・フランカとは異なる言語を話す集団の間で相互伝達のために用いられる言語のことをさす（『英語学用語辞典』より）．東南アジア諸国連合 ASEAN では英語が事実上のリンガ・フランカとして使用され，ヨーロッパでは国によって差はあるものの，英語は最も重要なリンガ・フランカとして考えられている．

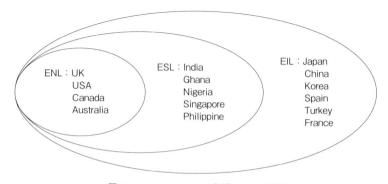

図 9.3　カチュルーによる英語の 3 つの円圏

もともとはイギリスで話されていた英語が北米大陸をはじめ，世界各地へと広がり，様々な地域の言語の特徴と交わりながら現地化（localize）され，様々な種類の英語が世界中で話されるようになった．現在ではいわゆるイギリス英語，アメリカ英語，カナダ英語，オーストラリア英語などに加え，ナイジェリア英語やカメルーン英語などのアフリカ英語，インド英語，シンガポール英語（Singlish），マレーシア英語（Manglish），香港英語（Hong Kong English）など様々な種類の英語が世界中で話されている（世界の英語の具体的な特徴については，カークパトリック（Kirckpatrick 2007）や本名（2008）などを参照）．

このように英語が世界各地で日常的に使用されることにより，カチュルーによる英語の三つの円圏という考え方の有効性も議論もされている．矢野（Yano 2001）なども議論しているように，三円圏の区別をすることが困難になってきているのである．例えば，シンガポールや香港のように外円圏においても英語を母語として使用している話者が増え続けており，その一方でアメリカ合衆国やイギリスなどの内円圏においては英語を母語としていない移民が増加し続け，地域によっては英語を母語として使用している人口を上回っている．つまり，カチュルーの分類における「英語が内円圏では母語として」「外円圏では第二言語として」使用されているということが妥当とはいえない状況が生じているのである．

またグラドル（Graddol 1997）は *The Future of English* の中で，カチュルーの英語の三大円は内円圏から拡大円圏へと広がりを見せる同心円ではなく，それぞれの円の重複部分が存在するだけでなく，拡大円圏で外国語や国際語として英語を使用している話者たちが今後ますます英語でコミュニケーションをとる機会が増加するにつれ，第二言語として英語を日常的に使用するようになり，英語母語話者の数を第二言語話者がさらに上回ると予測している．

◇ 9.7　どの英語を学び，話すべきか

このように様々な種類の英語が世界中に存在していることが分かると，英語学習者の中にはどの種類の英語が正しいのか，どの英語を学ぶべきなのか，といった疑問をもつようになるのではないだろうか．上述した通り，近年では多くの異なる文化的背景をもつ人々が互いにコミュニケーションをとる際に，英語をリンガ・フランカとして使用しているという現実がある．しかし，このことは必ずしもすべての人がアメリカ英語やイギリス英語など，同じ種類の英語を学ぶ必要が

あるということにはならない．もともとはブリテン島で生まれ，主にアングロ・サクソンの国々で使用されていた英語は，もはやある特定の国や地域に属しているものではなく，様々な目的のために英語を使用している世界中のすべての集団に属しているともいえるだろう．すなわち，もはや何が「適切な英語」であるのかを決める際に，内円圏の（映画などの）使用実績が基準にはなりえないということになる．

　そこで近年 intelligibility（理解可能性）という考え方が多くの言語学者によって示されている．国際的な場においては，人々が様々な種類の英語を用いることが一般的であり，母語話者も非母語話者も文法的な間違いをしたりするが，それでも意思伝達や相互理解は問題なく達成されている．つまり英語の多様性や不完全さは相互理解を妨げるものではなく，世界中の人々が同じ英語の変種を話したり，英語母語話者のような英語を話したりする必要はないということである．むしろ優先すべきことは，多様な文化的背景をもっている英語話者との相互理解を達成することであり，学習者は相手を理解し，相手に自分を理解してもらえるために，英語を学ぶべきであるといえるだろう．

◇ 9.8　英語の拡大とグローバルテクストの誕生

　このような英語のグローバル化に伴い，世界各地でリンガ・フランカとして使用されることにより，**グローバル英語**（Global English），いわゆる**グローバルテクスト**とよばれる英語の文体が生まれている．グローバルテクストとは，世界中の様々な国々において，文書を現地の言語に翻訳し，現地化（ローカル化：localization）をする際に，機械翻訳で適切なローカル化ができるような翻訳しやすいテクストのことである．グローバル化に伴い各企業が国内のみに留まりビジネスを展開するのではなく，海外進出を目論む企業にとって，このグローバルテクストはコストと利便性のために生み出された英語の特徴であり，井上・多々良（2018: 291）はこのグローバルテクストという英語文体の動きは「現代の社会と経済とテクノロジーが生み出した，社会言語学的な現象」であると述べている．ビジネスの現場での言語活動は，様々な文化的背景をもっている人どうしの（異文化間）コミュニケーションである．同じ英語を話しているとしても，コンテクスト情報は共有されていない状況も多く，基本的に低コンテクストなコミュニケーションに依存している．このグローバルテクストの動きは「コンテクストに依存しない

ばかりでなく，翻訳を意識した，曖昧さ（ambiguity）排除志向の文章」というこ
とができるだろう（井上・多々良 2018: 292）.

　このグローバルテクスト化の現象はレイとグレイス（Wray and Grace 2007）が
述べている，他人と話すことが当該の言語の文法的特徴を単純化させるという現
象，ということができるだろう．つまり二人の議論では，集団外の人とのコミュ
ニケーションで使用される言語は，その構造や規則が単純化（規則化）され，透
明（transparent）になり，非母語話者にとっても学習しやすく，習得が容易にな
るという．英語という言語はまさに，歴史の中で様々な言語との接触を通じて，
混血の言語となると同時に，単純化，透明化のプロセスを経て，現在のグローバ
ルテクストとしての文体的特徴をもつようになったということができるだろう.

📖 練習問題

1. 英語を第二言語で使用している外円圏（outer circle）の英語の特徴や外国語や国際語
   で使用している拡大円圏（expanding circle）の英語の特徴を調べてみよう.
2. アメリカ合衆国の子供向けテレビ番組 *Sesame Street* に登場しているクッキーモンス
   ターは "Me want cookie!" という彼を象徴するフレーズを繰り返し話す．このクッ
   キーモンスターの特徴的な英語について議論してみよう．またなぜ子供向け教育番組
   のキャラクターがこのような英語を話すのか（もしくは話すことが許されるのか）考
   えてみよう.

📖 実例で学ぶアクティブラーニング課題

　イギリスやアメリカの映画でどのような登場人物がどの変種を話しているのか観察し
てみよう．また日本語の吹き替え翻訳ではどのような日本語の変種を話しているのか調
べてみよう.

📚 文献案内

● 本名信行（2008）『世界の英語を歩く』集英社新書.
　　世界における英語の現状や世界中で話されている様々な英語の特徴を分かりやすく
　　説明している.
● 寺澤盾（2008）『英語の歴史：過去から未来への物語』中公新書.
　　英語の過去・現在・未来について社会・文化的環境と結びつけながら分かりやすく
　　概観している英語の歴史の入門書．英語の 1500 年の歴史だけでなく，変化し続ける

現代英語の特徴，世界中に拡大している英語の現状，そして英語の未来の姿を描いた一冊である．

📎 コラム 9　アメリカ英語話者とイギリス英語話者の
ミスコミュニケーション

　本章ではアメリカ英語とイギリス英語の発音，語彙，綴り字，文法などの違いを考察した．ガンパーズ（Gumperz 1982）は，同じ英語を母語とするアメリカ人とイギリス人の会話における非常に興味深い誤解の事例を紹介している．この事例では同じ英語を話している参与者どうしであっても，社会的な背景知識の違いから誤解が生じることを明確に示している．彼が挙げている事例は，ある塗装工がカリフォルニアにある中流階級の夫婦の家に下見に来たときに，壁に大きな絵を見つけたときに，イギリス人の妻に "Who is the artist?"（どの画家の絵ですか？）と聞いた．すると，イギリス人の女性はその絵を描いた画家の説明をはじめたのである．この質問に対する回答は問題ないように思えたが，塗装工はこの女性の回答に戸惑ってしまったのである．この塗装工が使用した "Who is the *ARtist*?" という表現（*AR* に強いアクセントを置く）は，アメリカではよく使用される定型表現で，決してその画家に関する情報を要求しているのではなく，訪問者が褒め言葉を言うだろうという予測を満たす慣習化された表現で，聞き手は謙虚に「ただの趣味です」（It's just a hobby）や「楽しんでいるだけです」（I'm just a fan）程度の返答をすることで，相手に「いや，それにしても素晴らしいですよ」（But they're really very good）などのような）褒め言葉を再度間接的に促すという過程を踏むのである．イギリス英語話者とアメリカ英語話者は同じ英語という言語を話しているのであるが，それぞれの英語には言語的な差異だけではなく，コミュニケーションにおける社会的な背景や慣習が異なり，それが原因で誤解が生じてしまうのである．

■文　献

Bonfiglio, Thomas Paul（2002）*Race and the rise of standard American*. Berlin and NewYork: Mouton de Gruyter.

Crystal, David.（1995）*The English language*. London: Penguin Books.

Crystal, David.（2002）*The English language*: 2nd ed. London: Penguin Books.

Fox, Kate（2014）*Watching the English*. Hodder & Stoughton.

Graddol, David（1997）*The Future of English?* The British Council.

Gumperz, John（1982）*Discourse Strategies*, Cambridge: Cambridge University Press.（井上逸兵・出原健一・花崎美紀・荒木瑞夫・多々良直弘（訳）（2004）『相互行為の社会言語学：ディスコースストラテジー』松柏社.

堀田秀吾（2017）「法と言語」井上逸兵（編）『日英対照言語学シリーズ［発展編］1　社会言語学』24-42．朝倉書店.

本名信行（2008）『世界の英語を歩く』集英社新書.

Inhalaien, Ossi（1994）'The dialects of England since 1776', in Burchfield, Robert. ed. *Cambridge history of the English language, Vol. 5: English in Britain and Overseas. Origins and Development*. Cambridge: Cambridge University Press, pp.197-294.

井上逸兵・多々良直弘（2018）「最新の言語文化研究と社会言語学」早瀬尚子（編著）『言語の認知とコミュニケーション』215-301．開拓社.

Kachru, Braj B.（1985）'Standards, codification and sociolinguistic realism: the English language in the outer circle.' In R. Quirk & H. G. Widdowson（eds.）*English in the World: Teaching and learning the language and literatures* 12. Cambridge University Press for The British Council.

金水敏（2003）『ヴァーチャル日本語　役割語の謎』岩波書店.

Kirckpatrick Andy（2007）*World Englishes implications for international communication and english language teaching*. Cambridge University Press.

小山亘（2017）「社会語用論」井上逸兵（編）『日英対照言語学シリーズ［発展編］1 社会言語学』125-145．朝倉書店.

Labov, William（1966）The Social Stratification of English in New York City. Center for Applied Linguistics.

松田謙次郎（2017）「変異理論で見る日英語のバリエーション」井上逸兵（編）『日英対照言語学シリーズ［発展編］1　社会言語学』6-23．朝倉書店.

Mugglestone, Lynda（2003）*Talking proper: The rise of accent as social symbol*. Oxford University Press on Demand.

Siegel, Jeff（2010）*Second dialect acquisition*. Cambridge, Cambridge University Press.

Swan, Michael（1986）*Basic English usage*. Oxford University Press.

Trudgill, Peter（1974）*The social differentiation of English In Norwich*. Cambridge University Press.

Trudgill, Peter（1983a）*On dialect: Social and geographical perspectives*. New York: New York University Press.

Trudgill, Peter（1983b）*Sociolinguistics*. Harmondsworth: Penguin Books.

Wray, Alison and George W. Grace.（2007）The consequences of talking to strangers: Evolutionary corollaries of socio-cultural influences on linguistic form, *Lingua* **117**: 542-578.

Yano, Yasukata（2001）World Englishes in 2000 and beyond, *World Englishes* **20**（2）: 119-132.

状況に応じた言語変種の選択
―なぜことばを切り替えるのか―

Code-Switching and Style Shifting

●**実例に触れて考えてみよう**

　アメリカ合衆国にはスペイン語を母語とし，英語を第二言語で話す人々が3000万人以上生活をしている．彼らは日常の生活の中でスペイン語と英語を切り替えながらコミュニケーションをとっているが，バイリンガルやマルチリンガルの人々はどのような理由で話す言語を切り替えているのだろうか．

　日本で生まれ生活をしていると，(現実には日本も多言語社会であるが) 日本語という一つの言語のみで生活する (できる) ことが当然のことであるかのように思われる．しかし，世界に目を向けてみると，一つの言語を使用する単言語社会よりも，コミュニティのメンバーによって複数の言語が使用される多言語社会のほうが圧倒的に多く，日常生活においては個人が複数の言語を使用することは珍しいことなどではない．例えば，カナダでは英語とフランス語，スイスではドイツ語，フランス語，イタリア語，シンガポールでは中国語，マレー語，タミール語，英語などが共存しており，人々は言語を選択，切り替えながらコミュニケーションをとっているのである．このような言語の切り替えは**コード・スイッチング** (code-switching) とよばれる．

◇ 10.1　多言語社会における言語選択

　多言語社会においては，それぞれの言語の役割が決まっており，複数の言語が場面や状況，話題などによって，どの言語が使用されるのかが決まっていることが多い．ファーガソン (Ferguson 1959) はこの状況のことを**ダイグロッシア** (diglossia，二言語変種使い分け) とよんだ．ファーガソンによると，ダイグロッシ

アは安定している言語状況で，2つ以上の言語や変種が存在し，ある状況では一方の言語が，別の状況ではもう一方の言語が使用され，二言語が使用される状況が分かれることがダイグロッシアの特徴である．このような社会では，言語の二層構造が存在し，学校・教会・政治のような公的な場で主に使用される**上層語**もしくは**威信の高い言語変種**（high language/variety）と，家族・友人との会話など私的な場で使用される**下層語**もしくは**威信の低い言語変種**（low language/variety）が使い分けられている．

　例えば，アフリカ大陸北部のモロッコには，文法や語など様々な点で異なっている古典アラビア語とモロッコ・アラビア語という2つの変種が存在している．モロッコの人々は状況に応じてこの2種類のアラビア語を使い分けており，教会・学校・メディア報道では古典アラビア語，日常生活における家族・友人との会話ではモロッコ・アラビア語が使用されている．

　また，南米のパラグアイではスペイン語とガラニ語という2つの言語が共存している．ガラニ語は9割以上のパラグアイ国民によって話されているが，スペイン語が国家の**公用語**（official language）としての地位を得ている．ルビン（Rubin 1985）によると，ガラニ語しか話せない人々は地方の田舎に暮らしている一方で，スペイン語しか話せないモノリンガルは大都市に集中し，首都のアスンシオンでは7割をこえる人がスペイン語とガラニ語のバイリンガルであるという．パラグアイのバイリンガルは，家族・友人などの親密な人どうしで個人的な会話をする際にはガラニ語，社会的距離のある人との会話や，（高等）教育・政治・教会などの公的な場においてはスペイン語を使用するのが一般的である．

　欧州連合（EU）には23の公用語が認められている．イギリスによるEU離脱（Brexit）後も英語の絶対的地位は変わらないようである．その本部が置かれているベルギーは，複数の言語が使用されている多言語社会である．ブリュッセルではフランス語が主に使用され，オランダ語（フラマン語）も使用されており，街中の標識や駅名などはフランス語とオランダ語の二言語表記が義務づけられている．一方ブリュッセルの北にあるアントワープではオランダ語とフランス語に加え，大多数の人々によって英語が主たる言語として使用されているが，移民たちはアラビア語やトルコ語なども使用している．ヨーロッパの他の国々も多言語社会であるが，ファーガソンがダイグロッシアの事例として挙げているのは，スイスの標準ドイツ語とスイス・ドイツ語である．標準ドイツ語は上層語として学校

教育の中で習得され，新聞や文学作品などで使用されるが，スイス・ドイツ語は日常会話において使用されている．ノルウェーでも，ボクマル語とラナマル語が使い分けられていて，ボクマル語が上層語，ラナマル語が下層語であるが，私的な状況ではラナマル語で話す友人どうしの会話であっても，仕事など公的な場ではボクマル語を話すという言語の切り替えが行われている（Blom & Gumperz 1986）．

　このような多言語社会においては，複数の言語を話すことは日常生活において不可欠な当然の能力として考えられており，そのような社会においては単一の言語しか操れない人は，社会生活において必要とされる重要な能力が欠けているとして，社会的不適合者（misfit）とみなされてしまう（Wardhaugh 1992）．多言語社会においては，コンテクスト，参与者，話題，そして会話の目的などの要因によって，人々は日常生活において言語を切り替えながらコミュニケーションをとることは当たり前のことであり，マイヤーズ・スコットン（Myers-Scotton 1993）の表現を借りれば，「言語を切り替えることは無標の選択（Switching between languages may itself be an unmarked choice)」なのである．

◇ 10.2　多言語社会アメリカ合衆国における言語事情とコード・スイッチング

　アメリカ合衆国で使用されている言語は何かと問われると，多くの人が「英語」と答えるのではないだろうか．アメリカ合衆国はカチュルーによる分類の内円圏，つまり母語として英語が使用されている地域に分類されるが（図 9.3 参照），英語以外の言語を母語として使用する人も非常に多い．事実，アメリカでは約 380 の言語が家庭で話されており，2000 年に行われたアメリカ合衆国国勢調査局の国勢調査によると，英語以外を母語とする話者は人口の 18％に相当する 4700 万人をこえている．このような非英語母語話者は自分たちの母語と英語を日々の生活の中で使い分けながら生活をしているのである（Bonvillain 2020）．特に非英語母語話者の数が多い州はカリフォルニア州，ニューメキシコ州，テキサス州，ニューヨーク州，フロリダ州などで，カリフォルニア州やニューメキシコ州の全人口における非英語母語話者の割合は 4 割に迫っている．

　英語以外に母語として最も使用されているのはスペイン語である．アメリカ合衆国には現在約 3000 万人のスペイン語話者が存在するが，1980 年以降メキシコ

など中南米の国々からの移民が増え続け，その数は増加し続けている．カリフォルニア州などでは英語とスペイン語が混ざり合ったスパングリッシュ（Spanglish）という変種も存在しており，ヒスパニック系のチカーノとよばれる人々を中心に広く使用されている．

　彼らは家族や友人どうしの会話や私的な噂話などはスペイン語を使用し，同じ相手でも職場では英語でやり取りをする．職場以外でも政治や国際問題などを議論する場合には英語を使用するのである．彼らは状況や話題によって英語とスペイン語を使い分けるだけではなく，自分たちの母語であるスペイン語を団結や親密さを示すために使用し，英語を使用することで社会における相手との心理的距離やその場の形式さを表しているのである．参与者たちが共通する2つの言語変種を話す能力がある場合，彼らは言語を切り替えることによって，互いの人間関係の調整を行なっているわけである．

◇ 10.3　感情や意図を伝えるための戦略的コード・スイッチング

　バイリンガルたちは2つの変種を切り替えることで相手に自分の感情を伝えることがある．以下の事例は英語とスペイン語のコード・スイッチングの事例である．

(1) 母親から子供に対して英語とスペイン語による指示
　　Go sit down, go. SIEN-TA-TE（SIT DOWN）！
(2) カリフォルニア在住のメキシコ系アメリカ人の別れ際の挨拶
　　A：Well, I'm glad I met you.
　　B：Andale pues（O.K. swell）.
(3) ニューヨーク在住のプエルトリコ人の母親が子供に出した指示
　　Ven aca. Ven aca. Come here, you.　　　　　　　　　　　　（Gumperz 1982）

　多言語社会においてバイリンガルやマルチリンガルたちは，日々のやり取りの中でそれぞれの言語を使用する際の戦略（ストラテジー）を作り上げている．単に状況に応じて言語を切り替えるのではなく，自身の感情や考え，意図を伝達するために言語を効果的に切り替えているのだ．

　例えば，メキシコ系アメリカ人やプエルトリコ出身者にとっては，スペイン語が自分たちの民族性や仲間意識を作り上げる**我々コード**（we-code）であり，英語は自分たち固有の言語ではない社会全体で民族に関係なく共有されている**彼ら**

コード（they-code）である．（3）の事例では母親は我々コードであるスペイン語で Ven aca（こっちに来なさい）と 2 度繰り返し，その後文字通りには同じ内容を彼らコードで Come here, you ともう一度繰り返している．この母親は最初は心理的に親密さを表す我々コードを使用して子どもに対して優しく「こっちにおいで」と言っていたが，子どもが言うことを聞かないため，心理的距離感を出すために公的な場で使用される彼らコードである英語に切り替え，より強い指示を出しているのである．

　また一方でバイリンガルたちが彼らコードから我々コードに切り替えたときはどのような意味を伝達することになるのだろうか．

　(4)　Come here. Come here. Ven aca.

　このように（3）とは逆に心理的距離を保つ機能がある彼らコードから親密さや仲間意識を示す我々コードへと言語を切り替えることで，心理的距離を近づける，親密さを示すこととなる．

　このようなコード・スイッチングは言語を切り替えることで心理的距離を調整していることになるが，使用される言語（コード）が隠喩的に堅苦しさやくだけた状況を表現しているのである．このことは**隠喩的コード・スイッチング**（metaphorical code-switching）とよばれる．また，この隠喩的コード・スイッチングでは，ある変種に切り替えることで，言語に埋め込まれている象徴的な社会文化的意味が伝達される場合もあるとガンパーズ（Gumperz 1982）は述べている．

◇ 10.4　アイデンティティを確認するためのコード・スイッチング

　多言語社会や多民族社会において，人々は自分たちのアイデンティティを確認したり，強化するために彼らコードから我々コードに切り替えたり，彼らコードの中に我々コードを混ぜることがある．例えばネルソン（Nelson 1990）はニューヨークやフィラデルフィアに住むアフリカ系・アメリカ人女性たちの語りの分析を分析しているが，最初は初対面であるため彼らコードである標準英語を使用するが，徐々に自分たちの民族性を表す我々コードの黒人英語へ切り替えることによって，コミュニティーの団結を強調し，協調的な関係を構築することを指摘している．

　また，ニシムラ（Nishimura 1997）はカナダ在住の日系 2 世の人たちのコード・

スイッチングを分析し，日本語と英語をどちらも流暢に話せる Niseis たちが，英語話者とは英語で，日本語話者では日本語で話す一方，仲間どうしで話すときは日本語と英語を混ぜて話していることを明らかにし，以下のように述べている．

> 彼ら日系 2 世は日本語を英語と混ぜることによって自分たちの日系 2 世としてのアイデンティティを表現し，確認しているのである．(The Niseis mix Japanese into their English in order to express and confirm their ethnic identity.)

参与者や状況を適切に判断できず，相手の期待に反した変種を選択してしまったことで，誤解が生じ，人間関係が破綻してしまう事例も報告されている (Gumperz 1982)．以下の会話は都市部近郊に居住するアフリカ系アメリカ人の主婦にインタビュー調査をするために，ある大学から同じくアフリカ系アメリカ人大学院生が送られたときの会話である．その大学院生がドアのベルを鳴らすと，夫がドアを開けて以下のようにアフリカ系アメリカ人特有の英語で発言したのである．

(5) 夫：So y're gonna check out ma ol lady, hah?
　　　（So you are going to check out my old lady?）
　　大学院生：Ah, no. I only came to get some information.
　　　　　　 They called from the office.

大学院生の返答を耳にすると，先ほどまで笑顔で対応していた夫は笑顔をやめ，大学院生に声もかけずに，妻を呼んだ．その後の調査は雰囲気が悪くなってしまい，満足のいくものではなかったと大学院生は述べた．この調査が失敗に終わった原因は，大学院生が選択した変種である．アフリカ系アメリカ人の夫は大学院生も同じアフリカ系アメリカ人ということで，黒人英語的なスタイルで話しかけたことに気づかず，大学院生は標準英語を用いて返答してしまったのである．ガンパーズによると夫が使用した表現は初対面の人に対して黒人英語的な受け答えができるかどうかを確認するためのスタイルだったのである．つまり，大学院生は「彼ら」コードである標準的な英語ではなく，夫の発言に対して (6) のように黒人英語的な返答をするべきであったのだ．

(6) Yea, I'ma git some info.（I'm going to get some information.）

このようにやり取りの中で適切な変種を使用して，同じ仲間として共同体に属していることを示すことができないと，コミュニケーションも人間関係も破綻してしまうのである．

◇ 10.5 状況により異なるレジスターとスタイル

ここまで多言語社会におけるコード・スイッチングに関して，様々な事例を考察してきた．バイリンガルやマルチリンガルの人たちの言語使用に驚いたかもしれないが，言語の切り替えとまではいかなくとも，状況や参与者，話題，会話の目的など，人は社会生活の中で様々な要請に応じて自分たちが使用する言語形式を調整し，語彙や文法，形式性（formality）を変えたりしている．

レジスター（register）は一般に「言語使用域」とよばれる．ロメイン（Romaine 1994: 19-20）はレジスターを

> 使用者よりも，使用方法による言語の変異に関わるもので，その場の状況や，目的，話題，伝えるべき内容や当事者（参与者）の関係などが関連する．

と定義し，選択されたレジスターを通じて今どのような行為や活動が行われているのかが明らかになると指摘している．例えば，弁護士どうしの会話（法律言語）やビジネスでの会話（ビジネス言語），宗教の説教，ニュース報道，スポーツニュース報道などでは独特の語彙などの言語表現が使用され，人々はそのレジスターに触れることによって独自のレジスターを認識できるようになる．ハヴィランド（Haviland 1979: 389）はある状況や活動において「人間が言葉を発するということは，その状況を指標するレジスターを選択する」ことに他ならず，状況に応じて，自らの言語行動を調整し，コンテクストに適した言語表現を選択しているとしている．

また人間は状況に応じて言葉の**スタイル**も変えている．スタイルとはことばの形式性，いいかえれば言葉の改まり度に関する変種の選択である．トラッドギル（Trudgill 2000）によると，スタイルには「非常に形式的なスタイル（very formal）」から「非常にくだけたスタイル（very informal）」まで段階性があり，会話の相手や年齢，社会的地位，コンテクストにかかわる．

◇ 10.6 コミュニケーションの相手に合わせたスタイルの選択

言語の話し手が選択するスタイルはメッセージを送る相手である聞き手や聴衆によっても影響を受ける．ベル（Bell 1984）はニュージーランドの公営ラジオ局のアナウンサーが局によって話し方が異なることに注目し，**オーディエンス・デザイン**（audience design）という考え方を提唱した．ラボヴ（Labov 1972）の変異理論においては，話し手の発話に払われる注意量がスタイル変異の要因と考え

られている．つまり，話し手が自分の発話に注意すればするほど，スタイルはフォーマルなものになるという．しかし，ベルは話し手のスタイルは，聞き手である相手が会話にどの程度関係しているのかという点や，話し手からみた聞き手の立場や資格によって変化すると指摘していている．つまり，オーディエンス・デザインとは，自分の発話の聞き手によって話し手自身の発話に対する注意量が変化することにより，スタイルが調整されるということである．

　ベル（Bell 1984）の調査では，ニュージーランドの公営放送では，アナウンサーが同じ内容のニュースを複数の異なるラジオ局で報道しているが，社会的階級の高い聴者が多い局では，自身の発話により注意を向ける結果，規範的な言語使用を用いてよりフォーマルなスタイルで報道していた一方，社会階級が低い聴者が多い局では，規範的な発音や文法ではなく，くだけたスタイルでニュースを報道していた．またベル（Bell 1991）は，イギリスの新聞7紙を対象に冠詞が脱落する頻度を分析したところ，知的階層を対象とした高級紙である *The Times* や *The Guardian* では5%から10%の割合であるが，*The Sun* や *Daily Mirror* のような社会階層の低い読者を読者層に想定している新聞においては80%以上の割合で冠詞が脱落していたという．このような研究から聞き手や読み手であるオーディエンスは，単なる情報の受信者という受身的な役割を担っているのではなく，話し手の言語行動に大きな影響を与えているということがわかる．

　オーディエンス・デザインに関連するものとしてジャイルズら（Giles *et al.* 1977）によって提唱された**スピーチ・アコモデーション理論**（speech accommodation theory）がある．これは話し手がやりとりの相手との心理的な距離を調整するために自身の言語形式のスタイルに加え，発話速度や声の大きさなどのパラ言語的要素，さらにジェスチャーなどの非言語的な要素などを調整することである．相手に受け入れられようとしたり，相手との距離を縮めたりしたい場合は，自身の話し方を相手のスタイルや言語表現に合わせる一方で，相手と距離をおきたいときは相手と異なるスタイルを選択するのである．

◇ 10.7　言語変種の選択と心理的距離の調整

　本章では，社会生活において人々がどのように，またどのような目的のために言語変種を選択し，コミュニケーションをとっているのかということを考察した．多言語社会においては言語の役割がドメインごとに決まっていて，人々は状況に

応じて言語を切り替えている．また人々は言語を切り替えることで戦略的に，創造的に社会的な意味を創り上げ，他者との人間関係を調整しているのである．

　近年のアメリカ合衆国の大統領選挙戦などでは英語だけではなく，年々重要性を増しているヒスパニック系の票を獲得するためにスペイン語が使用されるようになった．これはスペイン語を使用することでヒスパニック系の人たちとの心理的距離を近づけたり，連帯を強める意図があるからに他ならない．また唐須（2007: 91）はアリゾナ州の上院議員の発言を例に挙げ，スタイルの変化により市民との連帯を強めようとしていることを指摘している．

　We must not permit the State of California to deplete the water supply of the State of Arizona. Ain't no way we're gonna give'em that water.

　この発言は，降水量の少ないカリフォルニア州にアリゾナ州が大量の水を供給していることに反対している発言だが，形式的なスタイルから意図的にくだけた，口語体のスタイルに切り替えることにより，市民との心理的距離を近づけ，連帯感を強化しているのである．今後もこのような創造的な言語使用の分析を更に進めていき，人間が言語を使用してどのような社会的行為を行っているのか考察していく必要があるといえるだろう．

📖 練習問題

1. 多言語主義と複言語主義の違いについて調べてみよう．
2. 近年言語教育において注目されている CEFR とよばれるヨーロッパ言語共通参照枠（common european framework of reference for languages）について調べてみよう．

📖 アクティブラーニング課題

1. 大学や会社，役所などの多言語状況について調べてみよう．日本語とともにどのような言語が使用されているだろうか．
2. 日本は一般的に考えられているような単言語国家ではなく，様々な言語が使用されている「多言語社会」である．多言語社会である日本では，どのような言語が，誰によって，どのような目的のために使用されているのか調べてみよう．
3. 世界では複数の言語が使用されている多言語社会のほうが一般的である．スイスやベルギーなどのヨーロッパの国々，アフリカやアジアの国々，アメリカ合衆国やカナダなどの北米，メキシコやパラグアイなどの中南米で話されている言語を調べてみよう．

4. 1970 年代頃からはじまったアメリカ合衆国やイギリスの "Plain English Movement"
   と阪神淡路大震災を機に 1990 年代中頃から導入された日本社会における「やさしい
   日本語」について調べてみよう.

📚 文献案内

- Baker, Colin（1993）*Foundations of bilingual education and bilinguialism.* Multilingual
  Matters.（岡秀夫他（訳）（1996）『バイリンガル教育と第二言語習得』大修館書店.）
  バイリンガリズムを個人のレベルだけではなく，マイノリティーや国家のレベルか
  らも考察している入門書である．世界各国のバイリンガリズムやバイリンガル教育
  の問題点や論争点も議論している.
- Gumperz, John J.（1982）*Discourse strategies.* Cambridge University Press.（井上逸兵他
  （訳）（2004）『認知と相互行為の社会言語学：ディスコース・ストラテジー』松柏社.）
  「コンテクスト化の合図」などの重要概念を生み出した相互行為の社会言語学の基本
  文献である．なぜミスコミュニケーションが起こってしまうのか，豊富な事例をも
  とに解説している．相互行為の社会言語学を志す人にとっては必読書である.
- Romaine, Susan（1995）*Bilingualism*, 2nd ed. Malden, MA: Blackwell Publishing.
  本書ではバイリンガリズムは社会的，認知的な現象であるという立場から，コード・
  スイッチングやコード・ミクシングなどのバイリンガルの行動を分析している．バ
  イリンガリズムが認知的に話者にどのような影響を与えるのか，バイリンガリズム
  が，話者たちの社会的，学術的成長にどう関係しているのかなどの問題を詳細に議
  論している．英語教育やバイリンガル教育に興味のある人にとっては必読書である.

📎 コラム 10　バイリンガルの思考について

　本章では世界中には多言語社会が一般的で，このような社会において人々は複数
の言語を様々な目的のために使用し，社会生活を行っていることを考察した．しか
し 1960 年代頃までは，研究者たちの間ではバイリンガリズム（bilingualism）は人
間の思考に有害であるという考え方が一般的であった.

> If it were possible for a child to live in two languages at once equally well, so much the
> worse. His intellectual and spiritual growth would not thereby be doubled, but halved.
> Unity of mind and character would have great difficulty in asserting itself in such circum-
> stances.
> 　　　　　　　　　　　　　　　　　　　　　　　　　　　　　　　　　（Laurie 1890: 15）

ローリーの見解は子供達が二言語を使うように育てられると，その子どもの知的

な成長と精神的な成長は半減してしまい，心と人格の一致や統一が困難になるというものである．つまり，二言語（多言語）を学ぶことは子どもの成長に悪影響を及ぼし，効率的な思考を妨げるという見解が一般的であったのだ．

　しかし，その後モノリンガルとバイリンガルたちを対象に様々な調査が行われ，バイリンガルは子どもたちの思考に悪影響をもたらさないことを示す結果や，認知能力や思考においてよい影響を及ぼすという結果，そして言語の本質や機能について考察する能力のメタ言語意識が発達するという結果などが示されるようになった．また，ベン・ゼェヴ（Ben-Zeev 1977）では，バイリンガルのほうがモノリンガルよりも実験場面における様々な手がかりに敏感に反応し，誤りを訂正することが明らかになった．その他にもバイリンガルの子どもたちのほうがコミュニケーションにおける感受性が高いという結果も示されている．ジェネシーら（Genesee *et al.* 1975）の研究ではバイリンガルのほうがコミュニケーションにおいて聞き手である相手が必要としていることに敏感に反応し，他者とのやり取りが行われる社会的状況において感受性が鋭いという結果も示されている．

　唐須（1993，2002）は，自身の経験と早期英語教育についての議論を中心に，バイリンガルが二つの言語を同時に並行して学んだからといって，その話者の言語能力が「ハーフ」になるのではなく，二言語を学ぶからこそ両方の言語を完全に習得し，言語能力が「ダブル」になりうるのだと力説している．

　筆者が数年前，群馬県太田市にある群馬国際アカデミーを視察したときのことである．この学校では小学校からバイリンガル教育を行い，生徒たちは英語で算数や理科などの教科を学んでいる．生徒たちの授業風景を実際に視察している際に，ある先生に「よく早期英語教育によって，母語である日本語に悪影響が出るという意見がありますが，この点はどうですか」と質問してみた．するとその先生は「そんなことはありません．」と即答した．英語を学ぶことで，日本語への意識が高まり，子供たちの国語力によい影響が出ると話してくれた．その先生の話では，生徒たちが「先生，日本語の文章を読んでも分からなったことが英語で読むと分かることもあるし，英語の文章では分からないことが日本語で読むと分かることがある」と話してくれたと嬉しそうに教えてくれた．まさに複数の言語を早い段階で学ぶことを通じて，子供たちの**メタ言語意識**（metalinguistic awareness）が成長しているということができないだろうか．

■文　献

Baker, Colin（1993）*Foundations of bilingual education and bilinguialism.*（岡秀夫他（訳）（1996）『バイリンガル教育と第二言語習得』大修館書店.）

Bell, Allan（1984）Language Style as Audience Design, *Language in Society* **13**: 145-204.

Ben-Zeev, Sandra.（1977）The influence of bilingualism on cognitive strategy and cognitive development. *Child Development* **48**, 1009-1018.

Blom, J. and J. Gumperz（1986）Social meaning in linguistic structure: Code-switching in Norway, In J. Gumperz and D. Hymes（eds.）*Directions in Sociolinguistics: The ethnography of communication.* Holt.：Reinhart & Wonston.

Bonvillain, Nancy（2020）*Language, culture, and communication: The meaning of messages,* 8th ed., Lanham, Boulder, New York, London: Rowman & Littlefield.

Ferguson, Charles A.（1959）Diglossia, *Word* **15**（2）: 325-340.

Genesee, Fred., G. Richard Tucker, and W.E. Lambert,（1975）Communication skills in bilingual children. *Child Development* **46**, 1010-1014.

Giles, Howard, Donald Taylor, and Richard Bourhis（1977）Dimensions of Welsh identity, *European Journal of Social Psychology* **7**（2）, 165-174.

Gumperz, John J.（1982）*Discourse strategies.* Cambridge University Press.（井上逸兵他（訳）（2004）『認知と相互行為の社会言語学：ディスコース・ストラテジー』松柏社.）

Haviland, John Beard（1979）Guugu Yimidhirrr Brother-in-Law Language, *Language in Society* **8**: 365-393.

Labov, William（1972）*Language in the inner city: Studies in the Black English vernacular.* University of Pennsylvania Press.

Laurie, Simon. S.（1890）*Lectures on language and linguistic method in school.* Cambridge: Cambridge University Press.

Myers-Scotton, Carol（1993）*Social motivations of code-switching.* Oxford: Clarendon Press.

Nelson, Linda Williamson（1990）Code-switching in the oral life narratives of African-American women: Challenges to linguistic hegemony, *Journal of Education* **172**（3）: 142-155.

Nishimura, Miwa（1997）*Japanese/English code-switching.* New York: Peter Lang.

Romaine, Susan（1994）. *Bilingualism.* Oxford: Basil Blackwell.

Rubin, Joan.（1985）Spanish language planning in the US. In Elias-Olivares, L. E. A. Leone, R. Cisneros, and R. Gutierrez ed. *Spanish Language Use and Public Life in the US*, 133-152, The Hague: Mouton.

唐須教光（1993）『バイリンガルの子供たち』丸善出版.

唐須教光（2002）『なぜ子どもに英語なのか：バイリンガルのすすめ』日本放送出版協会.

Wardhaugh, Ronald（1992）. *An introduction to sociolinguistics.* 2nd ed. Oxford: Basil Blackwell.（田部滋・本名信行（監訳）（1994）『社会言語学入門』リーベル出版.）

第11章

多々良直弘

ポライトネス

Politeness

●実例に触れて考えてみよう

友達から映画に誘われたとき，どのように断るか話し合ってみよう．
またなぜそのような断り方をするのかその理由を考えてみよう．

友達：Let's go to the movies tonight.

(a) I'm sorry that I can't go to the movies tonight.

(b) I'm sorry, but I have an exam tomorrow.

　英和辞典で politeness を調べると「丁寧さ」「礼儀正しさ」「丁重さ」などと訳語が添えられている．日本語で丁寧さというと，まず目上の人や初対面の人などに使用する敬語が思いつくだろう．しかし**ポライトネス**（politeness）という語は言語学の分野では，単に言語形式を丁寧にするということではなく，社会生活において他者と円滑なコミュニケーションを営んだり，対人関係を構築したりするために相手に対して示される配慮という意味で使用され，人の言語行動を説明するための概念として使用されている．

◇ 11.1　協調の原理と会話の公理

　会話のやり取りにおいて，人が相手の発話を理解する際には，文字通りの意味ではなく，発話がもつ言外の意味を理解していることが多い．例えば，授業中に教室が暑いために先生にクーラーをつけて欲しいときに，「先生，クーラーをつけてください」と直接的に言うのではなく「先生，暑いです」とだけ発言することがあるが，先生はその発言に対して「そうだね，暑いね」というだけではなく，クーラーをつけてくれるだろう．このように私たちの会話は発話が間接的に伝達する言外の意味，つまり**会話の含意**（conversational implicature）を理解し，会話

を行っているのである．

このような言外の意味を読み取ることは，私たちの生活において当たり前のように行われているため，日常生活においてはその理解の仕組みを意識することはないだろう（言語の研究はわれわれが無意識に，当然のこととして行っていることを意識的に考えることなのである．言語を研究するためには，当たり前を疑うことが重要なのである）．それでは，この言外の意味はどのように伝達されるのだろうか．

言語哲学者のポール・グライス（Grice 1975）は，われわれが他者とコミュニケーションをとる際には，他者と基本的に協調し合い，会話の目的や方向にそった協調的な発話をするものであるという**協調の原理**（Cooperative principle）を守ることが前提になっているという．そして以下にある4つの公理（Maxims）に従ってコミュニケーションをとっていると述べている．

① 量の公理（Maxim of Quantity）

Make your contribution as informative as required. Do not make your contribution more informative than is required.

② 質の公理（Maxim of Quality）

Do not say what you believe to be false. Do not say that for which you lack adequate evidence.

③ 関連性の公理（Maxim of Relation）

Be relevant.

④ 様態の公理（Maxim of Manner）

Avoid obscurity of expression. Avoid ambiguity. Be brief. Be orderly.

量の公理は会話において提供すべき情報量を必要とされるだけ提供すべきであるということを意味し，質の公理は情報を提供するものは他者を誤解させるような誤った情報や嘘であると思うこと，さらに根拠のないことを提供するべきではなく，誠意をもって会話を行うべきということを意味する．また関連性の公理は会話における発話は首尾一貫したものでなくてはならず，話題や状況にあった内容でなくてはならいことを示している．最後の様態の公理は話者は簡潔に，順序立てて発話を構成しなくてはならず，話者の意図や会話の目的などを簡潔に示すべきであるということである．

しかし，人間は社会生活において，グライスの会話の公理に従って機械的にコ

ミュニケーションをしているのではなく，要点をはっきりと言わなかったり，自分の本心を伝えなかったりする．つまり，われわれは他者とのコミュニケーションにおいてこれらの 4 つの公理に従って，単にメッセージを伝達すればよいというわけではないのである．以下の事例を見てみよう．

(1)　A：We will have a party tonight. Would you like to come?

　　　B：I have an exam tomorrow.

(2)　C：Will you marry me?

　　　D：Harry, we have been good friends, have we?

　最初の事例ではAがBをパーティーに誘っているがBはパーティーとは関係のない「明日試験がある」ことを伝えている．また (2) ではCがDにプロポーズをしているが，Dは「ハリー，私たちはずっとよい友達だったでしょ」と伝えることでプロポーズを断っていることが分かる[注1]．しかし，なぜBとDは直接的に Noというのではなく，間接的な発話をしているのだろうか．両者は機械的にグライスの会話の公理を守るのではなく，相手の気持ちを傷つけないように配慮をしているため意図的に公理を破り，間接的な情報を提供していると考えられるのである．

◇ 11.2　ポライトネスに関する研究

　このように人間はコミュニケーションにおいて単に言語表現によって表される情報を伝達するだけではなく，相手に配慮しながら会話を通じて人間関係を構築し，維持しているのである．タネン（Tannen 1984）も述べているようにわれわれをとりまく世界は家族，友人，同僚，そして公共の場である人々との会話によって作られているのであり，言語を通じたやり取りこそが，他者との人間関係を構築し，維持し，調整する主な方法なのである．

People prefer not to say exactly what they mean in so many words because they're not concerned only with the ideas they're expressing; they're also -even more- concerned

---

注1　井上（2003）は英語圏ではネガティブ・フェイスを脅かす際の緩衝材として呼称が使用されていることを指摘している．例えば相手の言動を注意したり，批判したりする際には "John, I'm not that hungry." のように相手の名前を言ってから，批判を繰り広げるのである．このような議論はコミュニケーションの生態系の観点からの議論となり，言語文化によってコミュニケーションを行うときに，どのような「資源」を使用するのか差異があることが議論されている．

with the effect their words will have on those they're talking to. They want to make sure to maintain camaraderie, to avoid imposing, and to give the other person some choice in the matter being discussed.　　　　　　　　　　　　　　　　(Tannen 1984: 3)

（人間は自分の考えだけでなく，自分の言葉が相手に与える影響にも気を配るため，自分の言いたいことを明確に言わないことがある．つまり，人間は自分の意見を伝えるよりも，周囲の人たちとの仲間意識を保ち，押し付けがましくならないように，相手に選択権を与えようとするのである．）

このように円滑にコミュニケーションをとり，良好な対人関係を構築するために相手に示す配慮であるポライトネスとは，いいかえれば，私たちが言語行動をする際の一つの制約として機能しているといえるだろう．つまり相手にとって負担のかかる依頼をするときには，相手に配慮をして，言語表現を修正するのである．例えば食事中に目上の人に醤油をとって欲しいときに「お醤油とって」や "Pass me the soy sauce." と言うことは失礼になり，われわれは相手に対して，「すみません，お醤油を…」や "Could you pass me the salt?" などのように，語尾を濁し，明確に言わなかったり，疑問文で相手に選択の余地を与えたりするのである．

ここではポライトネスという概念が言語学の分野でどのように分析されてきたのか考察していく．これまでポライトネスを分析してきた研究としてレイコフ（Lakoff 1973），リーチ（Leech 1983），そしてブラウンとレビンソン（Brown and Levinson 1987）のモデルが挙げられる．

ポライトネスの概念を最初に議論したのはレイコフ（Lakoff 1973）である．レイコフは人が他者とやり取りをする際には，グライスの会話の原則に則って明確であること（Be clear）よりも，ポライトネスの規則がより重要であると指摘している．レイコフの示していることはポライトネスの規則とは単に言語表現の問題ではなく，相手との距離の取り方にどのように配慮するのかということであり，実際の会話においては明確に自身の考えや意図を伝えるよりも，相手との人間関係を再確認したり，強化することの方が重要であると述べている．レイコンの挙げているポライトネスの公理は以下の通りである．

1. Don't impose.（押し付けない）
2. Give options.（選択肢を与える）
3. Make a feel good – be friendly.（相手の気分をよくする―友好的にふるまう）

　最初の公理は距離（distance）に関するもので，相手に押し付けるのではなく，相手との距離を保たなくてはならないという規則である．2 つ目は敬意（deference）に関する公理で，疑問文やヘッジ表現を使用して，相手に選択肢を与えることで相手に敬意を示すのである．最後の友好・連帯（camaraderie）の公理で相手との友好的な関係を維持し，親愛さを示すことである．また Lakoff は各文化によって，どの規則が優先されるのかに関して違いがあり，ヨーロッパ文化では距離の公理，日本などの東洋文化では敬意の公理，アメリカ文化では連帯の公理が優先されると述べているが，この点に関しては更なる経験的分析が必要である．

　リーチ（Leech 1983）はグライスの会話の原則では説明できない現象を説明するために，ポライトネスの原理（Principle of Politeness）を提唱した．リーチのポライトネスの原理はやり取りにおける参与者間の負担（cost）と利益（benefit）に基づくものである．

　　① 気配りの公理（Tact Maxim）
　　　（a）相手に対する負担を最小限にせよ．
　　　（b）相手に対する利益を最大限にせよ．
　　② 寛大性の公理（Generosity Maxim）
　　　（a）自分に対する利益を最小限にせよ．
　　　（b）自分に対する負担を最大限にせよ．
　　③是認の公理（Approbation Maxim）
　　　（a）相手の非難を最小限にせよ．
　　　（b）相手の賞賛を最大限にせよ．
　　④ 謙遜の公理（Modesty Maxim）
　　　（a）自分の賞賛を最小限にせよ．
　　　（b）自分の非難を最大限にせよ．
　　⑤ 合意の公理（Agreement Maxim）
　　　（a）自分と相手との意見の相違を最小限にせよ．
　　　（b）自分と相手との合意を最大限にせよ．
　　⑥ 共感の公理（Sympathy Maxim）
　　　（a）自分と相手との反感を最小限にせよ．
　　　（b）自分と相手との共感を最大限にせよ．

　このようにリーチの公理では相手にとって最小の負担と最大の利益を，自分にとって最大の負担と最小の利益を与えることが基本になっている．このリーチの

モデルはグライスの公理を補完するために提示されたものであるが文化によって差異があるとされており，煩雑さは否定できないだろう.

　現在の言語学の中で最も言及され，ポライトネスの原理の普遍性を明らかにすることを目的にし，最も評価されているものは，ブラウンとレビンソン（Brown and Levinson 1987）によって提唱されたポライトネス理論である.彼らの理論は英語，ツェルタル語，タミール語のデータに基づいているものである.彼らはポライトネスを説明するために社会学者のゴフマンの**フェイス**（face）の概念を援用し，すべての人間には，人によく思われたい，人に仲良くしてもらいたい，人との連帯を得たいという**ポジティブ・フェイス**と他人から邪魔されずに自由に行動したい，自分の独立性を守りたいという**ネガティブ・フェイス**の２つのフェイスがあるとしている（face の訳はフェイス，顔，面子，願望など研究者により異なったものが使用されている）.このフェイスという概念は他者とのやり取りにおいて，守られたり，脅かされたりする公的な自己イメージや自尊心ということもできるだろう.そして，ブラウンとレビンソンはすべての人間のコミュニケーションはこの二つのフェイスのどちらかを脅かす可能性があるが，われわれは日常のやり取りにおいてできるだけ相手のフェイスを傷つけないように配慮しながら，戦略的に行動していると主張しているのである.いいかえれば彼らのポライトネスとはこの２つのフェイスを満たす配慮や行動ということができるだろう.彼らが挙げているストラテジーは以下の通りである.

1. Positive Politeness（連帯の丁寧さ，積極的配慮）
   Oriented to the positive image which hearer claims; speaker recognizes hearer's desire to have her or his positive face-wants respected. Positive politeness strategies express solidarity, friendliness, and in-group reciprocity.
2. Negative Politeness（独立の丁寧さ，消極的配慮）
   Oriented to H's desire not to be imposed upon; S recognizes H's rights to autonomy. Negative politeness strategies express S's restraint and avoidance of imposing on H.
3. Off-record Politeness（オフレコード）
   Indirect strategies which avoid making any explicit or unequivocal imposition on H.

　参与者たちはやり取りにおいて，相手との人間関係やコンテクスト，文化的前提などを考慮に入れ，適切な言語行動を選択するのである.例えば，相手のポジ

ティブ・フェイスを満たすためには，相手に褒め言葉やジョーク，相手に関する
ことを言うことで，相手との距離を縮めたり，相手に仲間意識や親近感を示した
りし，相手のポジティブ・フェイスを満たすことが可能になる．また医者が患者
に対して This is our medicine. のように your ではなく our を使用することで自分
たちが一つのチームであることを示すような連帯感を出す戦略もあるだろう．

　また一方で，相手のネガティブ・フェイスを満たすためには，疑問文やヘッジ
表現を使用することで相手に選択の余地を与え，相手の負担にならないように距
離を保つことで，相手のネガティブ・フェイスを満たすことができる．その他に
も規則を破ってしまっている人に対して注意をするときなどに，その人に対して
二人称代名詞を使用するのではなく (3) や (4) のように一般的な規則を用いるこ
とも戦略の一つであるだろう．

(3)　Passengers will please refrain from smoking.

(4)　We strictly prohibit the use of soap in our communal bath.

you という二人称代名詞は相手を直接的に言及するため，相手を注意したり，
批判したりするときに用いられると相手の領域を侵害することになるのである．

　また，you ではなく (6) のように非人称代名詞の one を用いた表現のほうが
(5) よりも相手のネガティブ・フェイスを脅かす可能性が低くなるのである．

(5)　You shouldn't say things like that.

(6)　One shouldn't say things like that.

相手のフェイスを脅かす可能性が高く，相手に自分の意図を伝達することより
も，相手のフェイスを侵害することが優先される場合には 3 つ目のオフレコード
の戦略を使用し，相手に対してほのめかす言語行動がとられることになる．例え
ば，レストランで食事をした後に財布の中にお金が入っていないことに気づいた
人が，独り言のように「あ，銀行でお金下ろすの忘れてた」と言って誰かがお金
を貸してくれることを期待している場合などがこの事例に当たるだろう．

　ブラウンとレビンソンのポライトネス理論はポライトネスに適った行動の普遍
性を主張しているが，文化によりどのストラテジーが優勢であるのかに関しては
言語文化によって異なっていると指摘されている．例えば彼らによると日本文化
は相手のネガティブ・フェイスを脅かすことを避ける傾向が強いとされているが，
マツモト（Matsumoto 1988）は日本語の「よろしくお願いします」という言語表
現を例にして異議を唱えている．日本文化では初対面の場面で「よろしくお願い

します」という相手に依頼をすることが慣例としてよくある．ブラウンとレビンソンの理論では，この依頼という行為は相手の独立性を脅かす行為として考えられてしまう．しかし日本文化では「よろしくお願いします」と相手に世話を依頼することは相手のほうが社会的地位が高いことになり，相手にとって名誉なこととなり，敬意をもとに相手のポジティブ・フェイスに働きかけるポライトな行為となるのである．

　一方アングロサクソン文化が背景にある英語では，対人距離が近いことやファーストネームで相手を呼ぶ慣習などから，相手との連帯を重要視するポジティブ・ポライトネスが優勢であるといわれている．しかし井上（2017）はアングロサクソンの文化では相手のネガティブ・フェイスに配慮し，相手の独立性を守ることの重要性を指摘している．また井上（2017）は Brown and Levinson のポジティブ・フェイスとネガティブ・フェイスの普遍性の特徴によるコミュニケーションの文化間比較だけではなく，アングロサクソンの文化において重要な対等（egalitarianism）の原理を示している．サカモト（Sakamoto 2004）は "polite fictions"[注2]という概念のもと，日米の文化的な建前や価値観の違いに関して豊富な事例をもとに議論しているが，アメリカの文化では社会的地位や年齢の違いがあったとしても「対等であること」（You and I are equals）が重要である一方で，日本文化においては「相手のほうが地位が高いこと」（You are my superior）が重要であることを指摘し，両言語のコミュニケーション行動の差異を様々な事例をもとに説明している．

◇ 11.3　ポライトネスにおける「働きかけ」と「わきまえ」

　ブラウンとレビンソンのポライトネス理論では，相手のフェイスに配慮して，戦略的に言語行動を行う，いいかえれば相手に**働きかける**（volitional）行為として理性的・合理的なものとしてポライトネスは捉えられているが，井出（2009）はポライトネスの行為にはもう一つの側面があり，ある社会や文化で適切とされるルールを**わきまえ**た行動やふるまい方が求められていると指摘している．ブラ

注2　サカモトは polite fictions の適当な日本語訳を思いつくことができず，基本的には「相手に対して礼儀正しく丁寧に（polite）ふるまおうとする際にその言動の根拠となる考え方を意味」すると説明している．

ウンとレビンソンは日本語の敬語は相手との距離を保つネガティブ・ポライトネスとして捉えられているが，日本語の敬語体系は相手に戦略的に働きかけるために使用されるのではなく，歴史的・社会的に構築された社会の規則に則り，上下関係やウチ・ソトなどの対人関係や場をわきまえた言語行動であることを井出は主張している．

　このわきまえた言語行動は，日本のような敬語体型が確立している言語文化のみならず，英語圏でも参与者の立場や人間関係をわきまえた言語行動が求められることは注意すべき点である．アメリカ文化においては対等・平等主義（egalitarianism）の文化であるため，誰に対しても同じような言語表現を使用すればよいと考えている学習者が多いこと，元来「丁寧」であると考えられている日本文化の人々が一度英語を話すと非常に失礼であるという指摘がある（東（1994）など）．井出（2009）などの議論では日本社会におけるわきまえた行動について示されているが，アメリカのような英語圏であっても状況に応じてもしくは相手との立場の違いを「わきまえた」言語行動が求められるのである．

　以下の事例は *A Few Good Men* という映画のワンシーンであるが，トム・クルーズ演じる新米の検事 Kaffee がジャック・ニコルソン演じる軍隊の隊長である Jessup に対して移動命令書のコピーを求めているシーンである．

> K：Colonel, I just need a copy of Santiago's transfer order.
> J：What's that?
> K：Santiago's transfer order, you guys have a copy of ... I just need that for a file.
> J：For a file ...
> K：Yeah.
> 　　（中略）
> J：But you have to ask me nicely.
> K：I beg your pardon?
> J：You have to ask me nicely.
> K：Colonel Joseph, if it's not too much trouble, I'd like a copy of the transfer order, sir!
> J：No problem.　　　　　　　　　　　　　　　　　　　　　（*A Few Good Men*）

　この場面では，新米の検事である T が軍隊の隊長に対して平叙文で移動命令書のコピーが必要であると述べている．それに対して隊長は"What's that?"（なんだって？）と聞き返しているが，この発話の意図は K の発言が聞き取れなかったのではなく，依頼の仕方に対する驚きを表していると考えられるだろう．つまり駆

け出しの検事が軍隊の長に対して使うべきではない言語表現を使用して，K は隊長に対して直接的な依頼をしてしまっているのである．K が自分の犯した違反に気づかずにいると，J が自分の経歴や現在の社会的立場について説明をはじめるとようやく K は自分の犯してしまったコミュニケーションにおける過ちに気づき，Colonel Joseph, if it's not too much trouble, I'd like a copy of the transfer order, sir! と敬称とラストネームや「もしご面倒でなければ」(if it's not too much trouble) などの表現に加え，最後に sir を付加することで，場や立場をわきまえた発話をするのである．

◇ 11.4 メディア翻訳とポライトネス

　これまでのポライトネス理論は，参与者どうしの対人的なコミュニケーションを分析する研究が中心だったが，井上（2017）はポライトネス理論を用いて映画の字幕翻訳や吹替翻訳を分析し，メディア翻訳の背後にある要因を説明している．井上は映画の字幕や吹替訳を分析し，直訳やオリジナルの作品に忠実に翻訳がされているのではなく，翻訳される言語の文化に合うように表現方法や発言内容，さらには物語がオリジナル版（source text）から創り変えられていることがあると指摘している．翻訳理論では，このように受け手側を優先し，対象の文化に合うように翻訳を構成することを**受容翻訳**や**文化意訳**（culturally coherent translation）とよぶが，井上（2017）はこのような訳にもそれぞれの文化の根底にある原理が働いていると述べ，ブラウンとレビンソン（Brown and Levinson 1987）のポライトネス理論の観点からアニメなどの日本映画が字幕や吹き替え翻訳などを通じてアングロサクソン的な作品へと変化しているのか，豊富な事例をもとに分析をしている．ポライトネス理論のポジティブなフェイス（positive face）もしくは連帯と，ネガティブなフェイス（negative face）もしくは独立の概念を軸として，日本語のオリジナル版と英語の吹替版を比較し，翻訳をする際に日本語と英語の背景にある文化的要因がいかにかかわっているのか議論している．これまでポライトネス理論による研究は参与者どうしの対人的なコミュニケーションが中心であったが，メディア翻訳の背後にある要因を説明する際に有効であることを示している．

　例えば，「よろしくお願いします」という日本語の定型表現を考えてみると，日本文化では自己卑下的な謙遜の原理があるため，そのような依存の姿勢を相手に

見せることは好まれるが，英米圏のアングロサクソン文化ではこのような表現はしない．つまり，英米圏の文化では，連帯と独立の原理の発展形である**対等の原理**（egalitarianism）から，お互いに対等であるべきであると考えるため，相手に一方的に依存するような表現は好まれない．

このように日本文化と英米圏の文化には**連帯**（エンパシー）と独立という対照があるが，日本のオリジナル版では連帯の原理が反映されたやり取りが英訳されるときに，独立の原理に基づき翻訳されることがある．井上（2017）が挙げている事例は『となりのトトロ』において仕事をしている父親に対して，娘のメイが「お父さん，お花屋さんね」と声をかける場面である．日本語のオリジナル版ではメイが父親にお花屋さんの役を演じて欲しいことを伝えているが，この吹替翻訳は "Daddy, I'm a flower lady" となっており，一見すると誤訳であると感じられる．しかし，このような翻訳の背景にも英米圏の独立の精神が反映されており，たとえ家族であっても相手の独立を脅かすことは（極力）避けるべきであるという文化的な前提がやりとりの根底に存在しているのである．

この連帯と独立の原理が影響しているオリジナル版と英語吹替版の事例は非常に多く観察される．例えば，日本語のオリジナル版ではいきなり相手に「おうちの方はどなたかいらっしゃいますか」と質問をしている場面でも，英語吹替版では "Sorry to bother you, but are your parents around anywhere?" と翻訳されているように，質問の前に相手の独立を脅かすことに対して謝罪することなどは典型的な事例であるといえよう．

本章で見てきた通り，日常の社会生活の中で行われている会話において相手にメッセージが適切に伝えられることであるが重要であることに疑いの余地はない．しかしそれと同時にわれわれは相手に対して常に配慮しながら行動を行い，他者との人間関係を調整している．ポライトネスは社会生活を営む人間にとって非常に重要な概念であり，われわれの言語活動を制限させる概念である．

また相手に対する配慮の仕方，いいかえれば相手を不愉快にさせない方法は言語文化ごとに異なる．日本文化において丁寧とされる言語表現が，英語圏では失礼にあたることもあるが，その逆もありうる．他の言語を学ぶ際に，語彙や文法を習得して文法的に正しい発話をすることはもちろん大事であるが，その言語文化において適切とされる相手に対する配慮の仕方やコミュニケーションを円滑に行い人間関係を維持するための方法を習得することも重要である．

📖 練習問題

　以下のやり取りは子供と一緒にいる親どうしの会話である．Aが子供たちに何か食べさせようと提案をしたところBは「いいわ，でもアイ・シー・イー・アール・イー・エー・エム・エスはだめだよ」と「アイスクリーム」とは言わずに，icecreams をアルファベットで発音をした．BはどのようなメッセージをAに伝えているのだろうか．グライスの会話の公理をもとに考えてみよう．

　A：Let's get the kids something.

　B：Okay, but I veto I-C-E-C-R-E-A-M-S.　　　　　　　　　　　　（井上 1999: 38）

📖 実例で学ぶアクティブラーニング課題

1. 日本のアニメや映画が英語に翻訳されるときに，日本的なコミュニケーション方法が英語的なコミュニケーション方法に変えられている場面を探してみよう．
2. 真冬に友達がTシャツ一枚で歩いていても，英語圏の文化では "Aren't you cold?"（寒くないの？）と聞くことは失礼になるため，避けるべきであると井上（2021）は指摘している．なぜ失礼になるのか考えてみよう．

📚 文献案内

● 井出祥子（2009）『わきまえの語用論』くろしお出版．
　高コンテクスト文化である日本語の言語の特徴を説明するには，西洋発の理論ではなく，「場」や「コンテクスト」を適切に認識した独自の理論が必要であることを主張している．ブラウン&レヴィンソンなどのポライトネス理論では説明できない日本文化独自の言語行動を独自の理論で解明している．日本語の研究をする際には必読書である．

● 井上逸兵（1999）『伝わるしくみと異文化間コミュニケーション』南雲堂．
　言葉で表現しないことまでなぜ相手に伝わるのかという「伝わる仕組み」だけではなく，相手に意図が伝わらない仕組みや相手に対する配慮のメカニズムを豊富な事例をもとに解説している．ポライトネス理論や相互行為の社会言語学の入門書として最適に一冊である．

● 滝浦真人（2008）『ポライトネス入門』研究社．
　ポライトネス理論を分かりやすく解説した入門書である．ブラウン&レヴィンソンの理論の解説に加え，距離という概念を用いてポライトネスに迫り，日本語研究にポライトネス理論をどのように援用するのかについても解説がされている．

🔗 コラム 11 "Challenge" 精神の重要性
―相手の意見を批判することは失礼？―

　皆さんは大学の授業で先生の説明に異議を唱えたり，クラスメイトの発表を批判したりすることはあるだろうか．日本の教育現場では先生の説明やクラスメイトの発表に対して反論や批判，疑問を投げかけることは失礼だと思い，遠慮してしまう人も多いだろう．一方，アメリカやイギリスなどの教育現場では，教師たちは学生が意見を述べたり，批判や疑問を投げかけたりすること，いわゆるチャレンジ（challenge）することを歓迎し，そのような学生たちを高く評価するのである（英語の challenge と日本語のチャレンジの意味の違いに注意）．欧米の文化では，自身の見解を公の場で明確に述べることが社会における行動規範として尊重され，個人の特権（権利）としてだけでなく，「義務」として考えられているのである（直塚（1980）やカーボー（Carbaugh 1990）を参照）．

　サカモト（Sakamoto 2004）などでも指摘されているが，日本の文化では他者と共感し，同じ意見をもったり，同意を示したりすることが重要であるが，欧米の文化では個人個人が独自の意見をもつことが重要であり，教師たちは学生たちが異議を唱えたり，質問することを歓迎するのである．欧米では社会的地位に関係なく，個人個人が対等な関係にあるため，互いの意見を述べ合うのは，結論を導き出すために必要なプロセスと考えられている．タネン（Tannen 1984）なども述べているが，質問をしたり，相手の意見に異議を唱えたりことは，相手に対する「敬意の表れ」として考えられているのだ．国際学会などに参加すると研究結果に関して喧嘩のように激しい議論を目にすることがあるが，一旦議論が終わるとお互いに握手をしながら，談笑している光景を目にする．また大学院生が研究発表をした後に大御所の研究者から質問を受けると，"That's a good question!" と言い，質問に答えることがある．これも社会的地位をこえて，お互いが「対等」であることの証である．日本で学生が先生から質問を受けて，先生に対して「それはよい質問ですね」と答えたら，どうなるだろうか．

■文　献

東照二（1994）『丁寧な英語・失礼な英語：英語のポライトネス・ストラテジー』研究社.

Brown, Penelope and Stephen Levinson（1987）*Politeness: Some universals in language usage*. New York: Cambridge University Press.

Carbaugh, Donal (1990) Communication rules in donahue discourse, In Carbaugh, Donal (ed.) *Cultural communication and intercultural contact.* Hillsdale, NJ: Lawrence Erlbaum Associates, 119-149.

Grice, Herbert P. (1975) Logic and Conversation. In P. Cole and J. Morgan (eds.) *Syntax and Semantics, 3: Speech acts.* Academic Press. reprinted in S. Davis (ed.) 1991, *Pragmatics: A reader.* Oxford University Press.

Gumperz, John J. (1982) *Discourse Strategies.* Cambridge University Press.（井上逸兵他（訳）(2004)『認知と相互行為の社会言語学：ディスコース・ストラテジー』松柏社.）

井出祥子 (2009)『わきまえの語用論』くろしお出版.

井上逸兵 (2003)「コンテクスト化の資源としての呼称：言語とコミュニケーションの生態学への試論」『社会言語科学』**6**(1).

井上逸兵 (2017)「字幕・吹替訳ディスコースの社会言語学：ポライトネス研究の一展開」『朝倉日英対照言語学シリーズ［発展編］1　社会言語学』107-124，朝倉書店.

井上逸兵 (2021)『英語の思考法：話すための文法・文化レッスン』ちくま書房.

Lakoff, Robin (1973) The logic of politeness, or minding your p's and q's. *Papers from the Nineth regional meeting of the Chicago Linguistic Society.* 292-305.

Leech, Geoffrey (1983) *Principles of Pragmatics.* Routledge.

Matsumoto, Yoshiko. (1988) Reexamination of the universality of face: politeness phenomena in Japanese. *Journal of Pragmatics* **12**: 403-426.

直塚玲子 (1980)『欧米人が沈黙するとき：異文化間のコミュニケーション』大修館書店.

Sakamoto, Nancy. (2004) *Polite Fictions in Collisions: Why Japanese and Americans seem rude to each other.* 金星堂.

Tannen, Deborah (1986) *That's not what I meant!: how conversational style makes or breaks your relations with others.* New York: Morrow.

第12章

多々良直弘

言語とコミュニケーション

Language, Culture and Communication

●**実例に触れて考えてみよう**

　　　　街で見知らぬ人に「今何時ですか？」と時間を聞くときに (a) から (c) のどの表現を使用するのが適切だろうか．またなぜそのような表現を使用するのが適切なのか考えてみよう．

　　　(a) What time is it?
　　　(b) Please tell me the time.
　　　(c) Excuse me, but do you have the time?

　人間は生まれながらにして言語を習得する能力を有している．生後9ヵ月頃にまわりの人間が自分と同じように意図をもっていることを認識する**9ヵ月革命** (the nine-month revolution) が起こり，18ヵ月頃に最初の言葉を話しはじめ，2歳になる頃には語彙数も急激に増加するといわれている．トマセロ (Tomasello 1999) によると，人間の文化とチンパンジーなどの霊長類の文化の違いは，人間の文化のみが歴史の中で改良を積み重ねることができる点である．人間と霊長類の遺伝子レベルでの違いは1%程度しかないといわれているが，人間の文化のみが個人や集団により行われた改良が歴史の中で蓄積され，より複雑なものへと改良されていくのである．つまり霊長類の文化と異なり，ヒトの文化には歴史があり，それを学習し，次の世代に伝承する能力が人間には備わっているのである．文化というものは，人間が生得的にもつものではなく，人間が生まれ落ち，置かれた環境や身のまわりにいる共同体の成員から伝承され，共有していく知識のことである．

◇ 12.1　文化とコミュニケーション

　タイラー（Tylor 1903）の代表的な文化（culture）の定義は「知識，信念，芸術，道徳律，法，慣習，それに社会の成員としての人によって獲得されたすべての能力を含む複合体」である．人類学の分野では，ボアズが文化をそれぞれの社会に固有の慣習，信念体系，社会制度などに関して使用し，このような文化の定義が人類学においては一般的になった[注1]．グッドナフ（Goodenough 1957: 167）は「ある社会の文化とは，その構成員に受け入れられるような方法で生活するために，構成員が知り，信じなくてはならないことすべてである」と定義している．

　鈴木（1973: i）はことばというものがいかに文化的なものであり，ことば以外の文化的構築物とよぶことができるものとかかわり合いがあるのかということを様々な事例をもとに詳述しているが，その冒頭で，文化を「ある人間集団に特有の親から子へ，祖先から子孫へと学習により伝承されていく，行動および思考様式上の固有の型（構図）」であり，「人間の行動を支配する諸原理の中から本能的で生得的なものを除いた残りの伝承性の強い社会的強制（慣習）の部分」と定義し，人間の言語行動の大部分にもこの文化の定義が当てはまることを指摘している．

　デュランティ（Duranti 2009）は人間にとって「言語は最も洗練された文化システムである」と述べているが，人間が習得する言語や話し方は，個人が生まれ落ちた環境により異なる．社会生活におけるコミュニケーションのとり方，日々の生活においてある行動や目的を達成するために言語を使用する割合や言語を使用しない割合は，文化ごとに異なっている．言語と文化を分けて考えることはできず，人間の社会生活において言語がどのような役割を担っているのかを明らかにするためには，単に語形成や文法などの言語構造を分析するにとどまるのではなく，社会的な営みにおいて言語行動が行われる社会的文脈を含めた各文化の社会生活における言語の役割を考察する必要がある．

　文法に規則があると同時に会話ややり取り，インターアクションにも暗黙の規則がある．つまり人間のコミュニケーションは語彙や文法に関する知識だけではなく，コミュニケーションの場でどのような表現を使うべきなのか，どのように

注1　ボアズの文化の定義についてはストッキング（Stocking 1966）を参照．文化の定義については唐須（1988）においても詳細に議論されている．

コミュニケーションを進めていくべきなのかに関する知識が不可欠なのである．ハイムズ（Hymes 1972）は，現実の社会生活においてわれわれが言語を使用してコミュニケーションをとる際には，単に文法や語彙などの知識もとに文法的に正しい文を生成するだけでなく，様々な社会的な要因を考慮し，「いつ，どこで，誰に対して，何を，どのように言語で伝えるのか」といった，言語を適切に運用するための**コミュニケーション能力**（communicative competence）が必要不可欠であると主張した．

　イギリスの英文法学者であるスワン（Swan 2018）は文法的に誤った文を使用することよりも，コミュニケーションにおける語用論的なミスのほうが相互行為において大きな問題を引き起こすことを指摘している．スワンが挙げていた事例としては "Yesterday, I have seen an English film." や "He always talk a lot." のような英語教育の現場で問題視される時制や活用の誤りよりも，文法的に正しいが，語用論的に適していない "Please tell me the time"（今何時か教えて）のような表現を使用するほうが問題であることを指摘している（Excuse me, but do you have the time? などの表現が適切）．井上（1999）も以下の通り，文法能力や語彙などの知識に加え，やり取りに関する社会文化的な知識の重要性を指摘している．

> 文法，語彙，音韻面などの言語能力が高度に獲得されている人ですらも社会的に適切とされるある種のルールが欠如しているために効果的なコミュニケーションが行なえないという実験的に例証した研究例も多数ある．　　　　　　（井上 1999: 115-116）

　平賀（1996）はイギリスの大学における教師と学生のチュートリアル形式の授業におけるミスコミュニケーションの事例を挙げ，語彙や文法が原因なのではなく，コミュニケーションにおいて文化的前提が共有されていないことが原因でミスコミュニケーションが生じることを説明している．

　(1)　教師：You've done a lot of work.（作品をたくさん作りましたね）
　　　　学生：I think so.（はい，自分でもそう思います）

　(1) は一見すると，問題ないやり取りに見えるが，文化的前提がないために，教師の発話の意図を日本人学生が理解しておらず，コミュニケーションが失敗に終わっていると平賀は指摘している．イギリスの教育では教育の主体は学生であり，教師の役割は学生の能力や可能性を引き出していくことなのである．つまり，イギリスの大学教師は学生を対等な研究者として扱い，チュートリアル形式の授業でも学生による自身の作品に対する評価を期待しているのである．(1) の「作

品をたくさん作りましたね」という教師の発話は学生に自分の作品を客観的に，批判的に分析し，議論することを意図した発言なのである．しかし日本の学校教育では，教師が中心の教育が前提であり，教師による評価や指導を学生が受動的に聞くというものなのである．この日本人学生はイギリス人教師の発言を日本的な前提で理解していたため，その後も教師による評価と指導が続くと考え，「自分でもそう思います」とだけ返答してしまったのである．このように文化的前提が共有されていないために，相手の発言の文字通りの意味の背後にある**メタメッセージ**（metamessage）を解読することができなかったのである．

　コミュニケーション能力の重要性は言語教育の分野でも議論されている．例えばカナールとスウェイン（Canale and Swain 1980）はコミュニケーション能力のモデルを 4 つの要素に下位分類している．語彙や文法，音声や綴り方を認識する**文法能力**（grammatical competence），参与者間の関係やコミュニケーションの目的や規範，慣習などのコンテクストに応じて適切に言語を使用できる**社会言語的能力**（sociolinguistic competence），文や発話をまとまりとして理解し，談話を構成したり，理解したりする**談話能力**（discourse competence），不十分な言語知識や言語技術のために相手の発話が理解できない時にも会話を続けるために様々な方略を使用することができる**方略能力**（strategic competence）である．

　また，セルース・ムルシア（Celce-Murcia 2007）はこのカナールらのモデルをさらに改良し，**社会文化的能力**（sociocultural competence）と**相互行為的能力**（interactional competence）をコミュニケーション能力の中で重要なものとして位置付けている．社会文化的能力とはコミュニケーション能力全体を統率する能力のことであり，社会的，文化的コンテクストにおいて，メッセージを適切に伝える方法に関する知識であり，文法的規則よりも社会文化的規則の重要性を強調している．また相互行為的能力は，会話に参加できたり，相手の発言に合わせることができるなど，他者とのやり取りを適切に行い，解釈できるなどやり取りを行う際に必要となる能力である．

◇ 12.2　文化により異なるコミュニケーションスタイル

　われわれは日々無意識のうちにまわりの人々とコミュニケーションをとっているが，コミュニケーションをどのように行うのか，どのように会話を進めていくのか，どのように相手は発言を聞くべきなのかということに関して，文化により

異なるコミュニケーションスタイルがある.

　トロンペナールス（Trompenaars 1993）は世界の言語における会話のスタイルを「アングロ」,「オリエンタル」,「ラテン」の３つに分類した.「アングロ」はアングロ・サクソン系の文化におけるスタイルで，発話者が交代する際にはターンとターンの間にポーズ（間）がなく，相手の発話中に割り込んで話すことは好まれず，また沈黙でいることが相手を不安にさせるという特徴をもっている.「オリエンタル」は話者交代の間にポーズがあり，相手の発言が終わった後に間髪入れずに発言をすると失礼になることがある．つまり，このようなアジアを中心とした階層主義社会では，ポーズをとることで相手の発言を慎重に考えたのちに発言することが相手に対する敬意を示すことになるのである.「ラテン」はターンとターンの間にポーズがないだけでなく，複数の参与者が同時に発言する同時発話（重複発話）が観察される．このスタイルでは発話を重複させることで相手に対して興味があることを示すことになる.

　またタネン（Tannen 1984）はコミュニケーションのスタイルを「話し手が属している集団の中で相応しいと思われている話し方」と定義し，**高度にかかわりあうスタイル**（high-involvement style）と**高度に配慮したスタイル**（high considerateness style）の２つに分類している．前者の「高度にかかわりあうスタイル」では，次から次へと質問を相手に投げかけるマシンガン・クエスチョンなどを通じて，会話を盛り上げ，相手に対する興味や親密さを示すスタイルが見られる．一方で「高度に配慮したスタイル」では，自分の発言の順番がくるまで発言をすることを控え，重複発話があれば発言権を譲るなどの特徴がある．また，フィッツジェラルド（Fitzgerald 2003）はこのタネンの示しているスタイルを基盤とし，一人一人が気軽に話すがオーバーラップがないタイプ，同時に入り乱れて話すタイプ，順番に話すタイプ，会話の進行を仕切る人のいるタイプに分類している.

　このように異文化コミュニケーションでは，たとえ英語などの同じ言語を参与者たちが話していても，会話のスタイルが異なることで，会話が続かなかったり，相手に対して不信感を抱いたりすることが生じる．言語の語彙や文法だけでなく，異文化間コミュニケーションにおいては適切なスタイルで会話を円滑に進めていくことが必要なのである.

◇ 12.3　対話的なコミュニケーションと独話的なコミュニケーション

　われわれが何か失敗をしたり，英語のテストで悪い点数をとってしまったりしたとき，「私何やってるんだろ…」や「もっと英語勉強しなくちゃ！」などと独り言をいう状況がある．日本語では独り言は一人称を使用して（もしくは主語を省略して）文字通り独り言を呟くのであるが，英語では，二人称を使用して以下のように表現するのである．

(2)　What are you doing?

(3)　You should study English harder!

　このように英語では独り言を言うときであっても，もう一人の自分自身に対して語りかける対話的な特徴を有しているのである（第3章参照）．

　荒木（1994）は，日本語では対話や会話において，他者を想定しない，もしくは他者を意識しない独り言的な表現が多用されていることを指摘し，日本語を**モノローグ言語**として特徴づけている．一方英語では常に他者を意識した言語表現が使用されており，**ダイアローグ言語**としての特徴を有していると述べている．例えば，電話で話をしているときに，日本語では話し手が「弟と代わりますから」と相手に伝えるところを，英語では対話の相手を想定して以下のように表現することが一般的であると荒木は指摘している．

(4)　I'll let you talk to my brother.

(5)　I want you to talk to my brother

　このことは日本語のやり取りにおいて，話し手の発言に対して聞き手からの反応がないことが許される日本的なコミュニケーションの特徴に関連していると言える．井上（2017）は，このことを「反応不在性」と述べており，日本語のやり取りが対話的になっていないことをメディア翻訳の観点から指摘している．『魔女の宅急便』では主人公のキキが魔女の修行に出発を決心したときに，彼女の母親から「あなた，またお父さんのラジオ持ち出したでしょ」と問われたときに，キキは母親の問いかけに対して何も返答していない．しかし英語の吹き替え版では"Don't worry. He doesn't mind."と返答が加えられている．この点に関して井上は日本語では対話が成り立っているように見えるが，実際には対話が成り立っていないやり取りが行われている場面があり，応答が必ずしもないことがあると述べている．一方英語ではそのような返答をしないという対応は不自然であると同時に，相手に対して失礼になる．そのため英語の吹き替え版では，対話が行われて

いるようにオリジナルにはない発話が挿入されているのである．

　その他にも井上は『となりのトトロ』の冒頭のシーンを例に，オリジナル版では身振りでしか反応していないが，英語の吹き替え翻訳では発話が挿入されていることを指摘している．

(6) 日本語オリジナル版

　　サツキの父：おうちの方はどなたかいらっしゃいませんか？

　　カンタ：(無言で田んぼのほうをさす)

(7) 英語吹き替え版

　　サツキの父：Sorry to bother you, but are your parents around here?

　　カンタ：They are out there in the field.

　オリジナル版ではカンタが言葉を発していないが，サツキの父はカンタの意図を理解し，カンタの両親に挨拶をし，その後カンタにお礼を言っている．しかし英語吹き替え版では，サツキの父とカンタは言語による対話を行っている．この事例が示しているのは，日本語と英語でコミュニケーションにおいて言語による情報に依存する割合の違いで説明できる．つまり日本語はコミュニケーションにおいて言語で明確に表現されなくてもお互いの意図を察することが好まれる一方で，英語では互いが誤解しないように言語でメッセージを明確に伝達することが期待されている文化なのである．

◇ 12.4　高コンテクスト文化と低コンテクスト文化における
　　　　コミュニケーションの特徴

　アメリカの人類学者であるホール（Hall 1976）は**異文化間コミュニケーション**（intercultural communication）という分野において，コミュニケーションにおいて情報を伝達したり，解読する際にどの程度コンテクストに依存するのかその度合いに応じて，世界の文化を**高コンテクスト文化**（high context culture）と**低コンテクスト文化**（low context culture）に二分した．個人間で共有されている情報が多いため，言葉で詳細に説明したり表現したりする必要がなく，その場の文脈や共有された知識をもとにコミュニケーションが成立する文化を高コンテクスト文化とした．高コンテクスト文化においては言語化される情報量が少なく，場の雰囲気や物理的情報，参与者どうしの社会的関係などの言語以外のコンテクスト情報を考慮し，意思疎通が行われる傾向が強い．日本文化では察しや以心伝心，

空気を読むなどの概念が示しているように，多くの場合において，高コンテクストのコミュニケーションスタイルが求められる．

　一方，個人間で互いに共有している情報や経験が少ないため，言葉によって明確に説明をしないとコミュニケーションが成立しないような文化のことを低コンテクスト文化とよばれる．低コンテクスト文化では，参与者どうしで共有されている情報が少ないので，コンテクスト情報だけではコミュニケーションが成立することができず，相手に誤解を与えないように言葉で明確に表現しなくてはいけないのである．

　ハインズ（Hinds 1987）は**話し手責任**（speaker responsibility）と**聞き手責任**（hearer responsibility）という区分でコミュニケーションのスタイルを説明している．コミュニケーションが成立するためには話し手と聞き手が協働する必要があるが，文化によって相互理解を達成するためにどちらがより責任を担うべきなのかに違いがあるのである．日本文化のように察しや以心伝心が好まれる高コンテクスト文化では，聞き手が正しい意味を推論する際の責任を担う一方で，英語のような低コンテクスト文化とされる言語では，話し手や書き手が受け手が誤解しないようにことばでしっかりと情報伝達をする責任がある．

　ウィルクス・ギブス（Wilkes-Gibbs 1997）はコミュニケーションを互いの共有知識の限界を見極め，広げていくことであると述べ，コミュニケーションが成功するか否かは，対話者双方が責任を負うという相互義務の法則があると指摘している．そして人間はコミュニケーションにおいて最大の労力を使って完璧な理解を求めるのではなく，労力を最小化しながら適切な理解を目指すのである．このことは**協調努力の最小化の法則**（principle of least collaborative effort）とよばれるが，高コンテクストの文化と低コンテクストの文化ではコミュニケーションのどの要素に労力を使うのかということに違いがある．高コンテクストの文化では，互いに共通知識が高いため，言語による説明を省き，話し手の労力と聞き手の情報処理の負担を省く．一方で低コンテクストの文化では，共有知識のない相手に理解してもらうため，最初の段階で多くの説明に労力を使い，説明を明確にする．つまり，情報量が少ないと誤解が生じ，その後のやり取りに必要な（無駄な）労力を省くために言語による説明に価値をおくのである．

◇ 12.5　日本語と英語の好まれる言語表現

英語を学習していると，日本語を直訳しても英語らしい表現にならないことが多い．例えば，「この辺りには猫がたくさんいる」や「（君に）話があるんだ」などの表現は英語で "We have a lot of cats around here." や "I have something to tell you." という表現を使用する．このような英語と日本語の違いを國廣（1974）などは**人間中心**の英語と**状況中心**の日本語として説明した．つまり英語では文の中心には人間が主語として使用される一方，日本語では人間が文の中に現れず，状況のみが表現されるのである．

　この点は池上（1981）の**ナル言語**と**スル言語**という特徴づけとも関連する．例えば，日本語では「メール届いた？」や「出発の日が決まった」などのようにある状況が自然とナルかのように表現するが，英語では "Did you receive my e-mail?" や "We have decided the date of our departure." などのように人間が何かをスルことである状況ができあがるような表現をするのである．

　その他にも風邪をひいて「熱がある」や注文の際に「私はハンバーガーだ」と言うときの表現は，日本語では存在表現である「いる」や「ある」を使用するが，英語では "I have a fever". や "I'll have a hamburger". というように所有の have を使用することから日本語を **BE 言語**，英語を **HAVE 言語**と特徴づけることができる．また「叫び声がしたぞ！」や何かを探していて「あった！」，「女性が一人立っていたんだ」などという表現は，英語では "I heard shouting.", "I found it!", "Then I saw a lady standing there." などと知覚表現を使用することから，英語と日本語を存在表現と知覚表現として特徴づけることも可能である（本多 2005）．

◇ 12.6　現象志向的な日本語と因果志向的な英語

　バイイ（Bally 1920）は人間が様々な現象を知覚する際には「出来事それ自体（phenomeniste, impressionniste）」として捉える場合と出来事を「因果関係（transitive/causal）」として捉える場合の2つの心理的な傾向があることを指摘している．池上（1999）はこのバイイの分類にならい，日本語には**現象志向的**（印象志向的，出来事それ自体）な傾向があり，英語には**因果志向的**（原因と結果の明示）があると述べている．つまり，日本語ではある状況が生じた原因と結果には注目せず，状況や現象だけを述べたり，出来事が自ずと生じたかのようにナル的な表現が使用される一方で，英語では他動詞文や無生物主語構文などを用いて，原因

と結果の因果関係を明記するスル的表現が多用される傾向がある.

　例えば日本語で「あ, 壊れちゃった」という際に, "Oops, I broke it." と他動詞を使用して表現したり,「この薬を飲めば, 気分がよくなりますよ」を英語では "This medicine will make you feel better."（この薬があなたの気分をよくしますよ.）のように無生物主語構文で原因と結果を単文で表現することからも明確であろう.

　また, この現象志向的な日本語と因果志向的な英語の特徴は「彼は自動車事故で死んだ」と日本語で表現するところを, 英語では "He was killed in the car accident." というように他動詞を使用し, 原因を暗示する表現が好まれるということに関連しているといえるだろう.

　このような英語と日本語の特徴は外山（1973）の指摘する**線的論理**と**点的論理**に密接に関連している. 池上（2006）はこの外山の線と点の論理という考え方をもとに, 芭蕉の俳句とその英訳を比較し, 英訳では俳句の各要素の論理関係を明示することが好まれるために, 日本語の原文にはない接続詞が現れることを指摘している.

(8)　旅に病んで　夢は枯れ野を　かけ廻る

(9)　Ailing on my travels

　　　Yet my dream wandering

　　　Over withered moors　　　　　　　　　　　　　　　　（池上 2006: 236）

芭蕉の俳句では「旅に病んで」と「夢は枯れ野をかけ廻る」の部分の関係は明記されていない一方で, 英語の訳には yet という接続詞が補われ, 各部分の論理関係が明示されているのである. この両言語の言語的特徴について池上（2006: 241）は以下のように述べている.

　　一般的に2つの事柄が提示される場合, その間の論理関係は明示される時と暗示にとどめられている時がある. 英語（そして, 広くはいわゆる欧米系の言語）では, そのような場合, 明示することが期待されるのがふつうである. …（中略）…それに対し, 日本語ではそのような関係を必ずしもことばで明示せず, 暗示に留めておく…（中略）…という傾向があるように思われる. …（中略）…日本語では（英語のように）論理関係を明示するのではなく, ポイントが並置的に提示するにとどめられ, それでも全体が一つの同じ雰囲気に包まれて, そこからまとまりが感じ取られるというのである.

　外山（1973: 14）は「点的論理が了解されるところでは線的論理の窮屈さは野暮なものとして嫌われるようになる．なるべく省略の多い，いいかえると解釈の余地の大きい表現が含蓄のあるおもしろい言葉として喜ばれる」と述べ，俳句などの短詩型文学が日本文化で受け入れられるのはこのような論理が発達した文化だからであると述べている．また，このような日本語と英語のテクストにおける表現方法の違いに関しては唐須（1988: 161）は日本語の特徴が「すべてに曖昧で，聞き手に大幅な解釈の余地を残し…（中略）…これに対して，英語はなるべく曖昧さを残さないような形で表現されており，聞き手はあまり勝手な解釈をする余地を与えられていない」と述べている．

　このような英語と日本語の特徴からも，同じ状況や出来事を表現する際にも，各言語で好まれる表現方法が存在し，出来事の何をどのように表現するのかという点に差異が観察されるのである．

◇ 12.7　日本語と英語の談話構造

　各言語における会話のスタイルや好まれる表現方法に加えて，談話の組み立て方にも言語による差異が報告されている．談話構造の文化間比較に関しては，カプラン（Kaplan 1966）の言語地図が初期の研究として有名である．カプランは，結論に向かって一直線で表す英語の談話構造，日本語の談話構造のように，周辺的なことを述べながら，徐々に徐々に結論へとたどり着くオリエンタルの特徴，結論に至るまでに話が前後するセミティックなどの談話の組み立て方の文化的差異をまとめている．

　共有されている知識や経験が少ないとされる英語のような低コンテクスト文化では相手が誤解しないように最初に最も重要な結論を述べ，その後その結論をサポートするための情報を提供していくという談話構造が好まれる．一方，個人間で知識や経験が共有されている傾向が高く，相手の意図を察することが好まれる高コンテクスト文化では，結論を明確に述べなくても，聞き手が話し手の意図を解釈することが求められるので，周辺的，背景的なことを説明したのちに結論を述べることが好まれるのである．

　（10）と（11）は欧州サッカー連盟のホームページ（UEFA.com）における 2015-2016 UEFA チャンピオンズリーグ（UCL）決勝戦の英語と日本語による報道（ただし，日本語版は英語から翻訳されたもの）であるが，英語の記事と日本語の記

事の談話の組み立て方を比較してみよう.

(10) Cristiano Ronaldo, who had a quiet match by his standards, scored the decisive spot kick after Juanfran had hit the base of the post with the eighth attempt of the shoot-out. Substitute Yannick Carrasco's 79th-minute equaliser cancelled out a first-half strike by Sergio Ramos, whose own-last-gasp-leveller against the Roji-blancos had forced extra time in Lisbon two years ago.

(http://www.uefa.com/uefachampionsleague/index.html)

(11) 序盤にレアル・マドリードの先制点を挙げたのは,アトレティコを下した2年前の決勝で同点ゴールを決めたセルヒオ・ラモス.アトレティコも途中出場のヤニク・カラスコが79分に決めて追いつくと,迎えた延長戦でも両者譲らず勝負はPK戦へ.4人目のキッカー,フアンフランのシュートがポストの根元をたたいたアトレティコに対し,レアル・マドリードはクリスチアーノ・ロナウドが確実に決めて栄冠を手にした. (http://jp.uefa.com/uefachampionsleague/)

(10) と (11) を比較すると,英語と日本語では描写されている出来事の順番が異なっていることが分かる.英語は試合を決めた最後の最も重要なプレーを述べ,出来事が過去にさかのぼりながら描写されているが,その英語から翻訳された日本語の記事では,時間の流れにそって古い出来事(試合の序盤の出来事)から順に描かれており,両言語の異なる談話構造が観察される.つまり,英語は試合全体を俯瞰的に捉え,試合を決定づけた最も重要な出来事をまず述べ,その後重要性に基づいて出来事を再配列しているのに対し,日本語では事態を時間的順序で配列し,最終的な結果が生じるまでの状況を時間の流れに沿って述べ,最後に結果が述べられるという構成になっていることがわかる.

このような日本語と英語の談話における情報配列の違いを吉村 (2011: 65-67) は以下のように述べている.

> 私は,日本語は therefore 言語,英語は because 言語と考えています.よく因果関係などと言います.もちろん原因と結果の関係のことです.例えば,電車の遅れは授業の遅刻という「結果」の「原因」です.遅れてきた日本人学生に「電車が遅れたので遅刻しました」を英語で表現してくださいと言うと,The train was delayed, so (therefore) I was late for class と言います.同じことを英語のネイティブに言ってもらいますと I was late for school because the train was delayed と答えます.日本語は前者の言い方,英語は後者の言い方を好みます.…(中略)…日本人の好む therefore(あるいは so)はいきさつの顛末,英語人が好む because は論理の帰結という

ことになります.

日本語で好まれる therefore 型の時系列に沿った語り方は帰納的作文,英語で好まれる because 型の結果や結論を先に述べ,その後に原因や理由の述べる因果律に基づいた語りは演繹的作文ということができる.

この点に関して渡辺(2004)はこの「順番に現れる論理」に関して非常に興味深い指摘をしている.臨床心理学者のカニングハム(1988)はアメリカ人の教師が日本人の児童に関して,「日本人の児童は個性的な考え方ができない,批判的・探究的・分析能力がない」など非常に厳しい評価を下していることを指摘している.渡辺はこのカニングハムの指摘をもとに,日本語と英語の典型的な語りの順番を分析している.われわれが出来事を理解する際には,起こった出来事をばらばらに理解し,語るのではなく,出来事をある構造の中に埋め込み,それぞれの出来事を関連づけ,一つの物語として意味のある現実として解釈するようになる.渡辺は,ある言語で好まれる談話構造の順番を学ぶことは,その言語特有の論理システムを学ぶことに他ならないと指摘し,ある語り方(語りの順番)が論理的でないと感じるのは,語り方の背後にある,その言語や文化に特有の**考え方の順番**(sequence of thought)が異なるからであると指摘している.

この語りと考え方の順番の違いは,日米の歴史の叙述にも違いがあるという.日本の学校教育における過去の歴史を語る方法では,歴史を時系列に沿って,連続的に時間を進んでいくものとして捉えられている一方で,アメリカでは歴史を時系列に沿って起こった出来事を因果律に基づいて,組み替えて語ることが重要であることを渡辺は指摘している.渡辺(2004: 9)はアメリカの歴史学者ドノバン(Donovan 1973)を引用し,歴史家は「歴史的資料に原因結果の枠組みを与えることにより,歴史叙述にある完結した状態,つまり「理解しやすいまとまりを与える」と述べ,この歴史の語り方が日米の学校教育の現場でも教師の歴史の授業の展開や出来事のどの側面を重要視するのかという点にも表れていることを強調している.

渡辺は歴史の語り方の特徴を分析するために,日米の歴史の授業において教師が生徒たちに問う質問の種類を分析した.日米ともに最も多い質問は「何を(what)」に関する質問であったが,日本の教師が次に問うのは出来事の展開や状況,歴史上の人物の気持ちを問う「どのように(how)」に関する質問で,アメリ

カ人の教師は歴史的な出来事が起こった原因を問う「なぜ（why)」に関する質問であったことを提示している．この教師たちが生徒たちに問う質問にも時系列を重要視する日本的な歴史の捉え方と因果律を重要視するアメリカ的な捉え方が反映されているということができるだろう．

　本章で考察した通り，各言語やコミュニケーションのとり方の背後には文化や歴史が潜んでいる．また，同じ出来事を表現する際にも，何をどのように，どれだけことばで表現するかは文化により異なり，各言語で好まれる表現方法が存在しているのである．言語は人間にとって必要不可欠なものであり，人間どうしがやり取りをする際の主要な手段である．そして各言語話者が使用する語や表現方法にはそれぞれの言語文化における**世界観**（worldview）や**文化モデル**（cultural models），**社会の構成**（social structure），**社会的規範**（social norms）などが反映されているということができる．

　子ども（もしくは言語学習者）は言語を習得する際に，単に語彙や文法などの言語構造の知識のみを習得するのではなく，まわりの人とのコミュニケーションを通じて，文化的に適した言語行動や社会の規範，文化的価値観を習得しているのである．つまり子どもたちは単に言語構造に関する知識を習得することに留まらず，共同体の一員になるために必要な様々な知識を同時に習得し，その社会における適切なふるまい方を習得していく必要があるといえるだろう．

練習問題

以下の文章はビジネスで使用された e-mail の文章である．どちらの文章のほうが e-mail の文書として適切か選びなさい．またその理由を説明しなさい．

　(1) Jane Tomm, a graduate of City University, with a master's degree in Journalism and a bachelor's degree in English, is an integral member of the health department's public relations team, serving initially as a public information officer then as a manager of special projects. A civil servant for 12 years, Jane has also published two books on children's fiction and is a volunteer tutor with the city schools, teaching writing skills to secondary school students. Effective today, Jane has been named communications chief for the regional health department. All please plan to attend tomorrow's 9 am staff meeting to learn more about Jane's promotion and her plans for the department.

　(2) Effective immediately, Jane Tomm has been named communications chief for the regional health department. All supervisors, managers and staff will now report to

Jane. Please plan to attend tomorrow's 9 am staff meeting to learn more about Jane's promotion and her plans for the department. For those who are unfamiliar with Jane, she is a 12-year civil servant and an integral member of the Health Department's public relations team, where she served first as a public information officer, then as manager of special projects. A graduate of City University, with a master's degree in journalism and bachelor's degree in English, Jane has published two books of children's fiction and is a volunteer tutor with the city schools, teaching writing skills to secondary school students.

(Li Wei 2013: 120)

📖 実例で学ぶアクティブラーニング課題

1. 異文化間コミュニケーションにおいて文化的前提が異なるためにメタメッセージが伝わらない事例を考えてみよう.

2. 英語と日本語で報道された同一のニュース報道のテクストを分析し,どのような共通点と相違点があるか調べてみよう.

📚 文献案内

●岩田祐子・重光由加・村田泰美 (2013)『概説 社会言語学』ひつじ書房.

　社会言語学の様々な分野における代表的な研究を網羅的に紹介すると同時に,多くの談話データを分析しながら,社会言語学の諸分野を解説している.社会言語学だけでなく,言語教育や異文化コミュニケーションを学びたいと考えている学生にとっても非常によい入門書である.

●Sakamoto, N. (2005) *Polite Fictions in Collision*. Kinseido.

　日本人とアメリカ人のコミュニケーション上の様々な差異を分析し,それらを "polite fictions" という観点から説明している.異文化コミュニケーションにおけるお互いの誤解の原因を文化的前提の違いの観点から明らかにし,異文化理解を目指した一冊である.

●井上逸兵 (2021)『英語の思考法:話すための文法・文化レッスン』ちくま新書.

　英語独特の言語表現やコミュニケーションのとり方を英語的な思考方法をもとに解説している.英語の文法や慣用表現がいかにコミュニケーションの実践につながっているのか豊富な事例をもとに説明されている.

●早瀬尚子(編著)吉村あき子・谷口一美・小松原哲太・井上逸兵・多々良直弘(著)(2018)『言語の認知とコミュニケーション:意味論・語用論・認知言語学・社会言語学』開拓社.

言語使用における意味を中心に意味論，語用論，構文文法，認知文法，言語人類学，社会言語学といった多岐にわたる分野の研究の流れを概観している．

 ## コラム12　言語を通じた文化モデルの伝承

　言語は文化の一部であるということはこれまでにも多くの研究者により指摘されていたことであるが，言語は様々な文化的な要素の基盤となり文化を伝承する役割を果たしている．つまり，われわれが使用する言語にはその文化の価値観や世界観である文化モデルが反映されており，言語を通じてそのような文化モデルが伝承されていくのである．このような文化モデルはことわざや物語などを通じても伝承されるが，日常的に使用される言語表現によっても伝達される．Bonvillain（2020）は英語とナバホ語を例にこのことを説明している．

(1) 英語：I must go there.

(2) ナバホ語：It is only good that I shall go there.

(3) 英語：I make the horse run.

(4) ナバホ語：The horse is running for me.

これらの英語とナバホ語の表現方法を比較してみると，両言語の出来事や経験に関する世界観の違いが明らかになる．これらの言語表現には両言語の個人の権利と義務に関する考え方の違いが反映されているのである．(1) と (3) の英語の表現には義務を表す must と相手の行動を強制する使役動詞が含まれているが，このような語彙が英語に存在するのは英語話者には自己や他者の行動をコントロールできるという考えがあるからなのである．一方，ナバホ語の話者たちはすべての存在物は自身で何を行うのかを決める権利があり，行為を強制されたり，制御されたりすることはないと考えている．そのため義務を表す助動詞や使役動詞がナバホ語には存在せず，(2) と (4) のように表現しなくてはならないのである．このような人間や動物を含むすべてのものに対する両言語の価値観や文化モデルが両言語の言語的な特徴に反映されているのである．同じ出来事を表現するにも，各言語で好まれる表現方法が存在し，各言語話者が使用する語や表現方法にはそれぞれの言語使用者の世界観や文化モデル，社会の構成などが反映されているということができるだろう．

■文 献

荒木博之（1994）『日本語が見えると英語も見える：新英語教育論』中央公論社.

Bally, Charles（1920）"Impressioniste et grammarire" Melanges d'histoire litteraire et de philolo-gie offerts a M. Bernard Bouvier. 267-279. Geneve: Slatkine Reprinsts.

Bonvillain, Nancy（2020）*Language, culture, and communication: The meaning of messages*. 6th ed., Harlow: Pearson Educaiton.

Canale, Michael & Swain, Merrill（1980）Theoretical bases of communicative approaches to second language teaching and testing. *Applied Linguistics* 1: 1-47.

Celce-Murcia, Marianne（2007）Rethinking the role of communicative competence in language teaching. In E. Alcon soler & M. P. Safont Jorda（eds）*Intercultural language use and language learning*. 41-57. Dordrecht: Springer.

カニングハム久子（1988）『海外子女教育事情』新潮社.

Duranti, Alessandro（2009）*Linguistic anthropology: A reader*. 2nd Edition. Malden, MA.：Wiley-Blackwell.

Fitzgerald, Helen（2003）*How different are we? Spoken discourse in intercultural communication*. Bristol: Multilingual Matters.

Goodenough, Ward H.（1957）Cultural Anthropology and Linguistics. In Dell Hymes（ed）*Language in Culture and Society: A Reader in Linguistics and Anthropology,* 36-39, New York: Harper and Row.（有馬道子（訳）（1985）『言語と人間科学』南雲堂.）

Hall, Edward T.（1976）*Beyond culture*. New York: Doubleday.

Hinds, John（1987）Reader versus writer responsibility: A new typology. In U. Conner and R.B. Kaplan（eds）. *Writing across cultures: Analysis of L2 text*. Reading, 141-152. MA.: Addison-Wesley.

平賀正子（1996）「異文化間コミュニケーション」宍戸通庸・平賀正子・西川盛雄・菅原勉『表現と理解のことば学』ミネルヴァ書房.

本多啓（2005）『アフォーダンスの認知意味論』東京大学出版会.

Hymes, Dell（1972）On communicative competence, In J.B. Pride and J. Holmes（eds.）*Sociolin-guistics: Selected readings*, 269-293. Harmondsworth: Penguin.

井出祥子（2006）『わきまえの語用論』大修館書店.

池上嘉彦（1981）『「する」と「なる」の言語学』大修館書店.

池上嘉彦（2006）『英語の感覚・日本語の感覚〈ことばの意味〉のしくみ』NHKブックス.

井上逸兵（1999）『伝わるしくみと異文化感コミュニケーション』南雲堂.

井上逸兵（2017）「字幕・吹替訳ディスコースの社会言語学：ポライトネス研究の一展開」『朝倉日英対照言語学シリーズ［発展編1］ 社会言語学』107-124. 朝倉書店.

Kaplan, Robert B.（1966）Cultural thought patterns in inter-cultural education. *Language Learning* 18: 1-20.

Li Wei（2013）*Applied Linguistics*. Chichester, UK: John Wiley & Sons.

國廣哲弥（1974）「人間中心と状況中心：日英語表現構造の比較」『英語青年』119-11, 688-690.

鈴木孝夫（1973）『ことばと文化』岩波書店.

Swan, Michael（2018）Oxford Day 2018: Global and Local Trends in Language Education. 講義資料.（2018 年 10 月 21 日開催　於：慶應義塾大学三田キャンパス）

Stocking, George W.（1966）Franz Boas and the culture concept in historical perspective. *American Anthropologist* **68**: 867-882.

Tannen, Deborah（1984）*Converesational style: Analyzing talking among friends.* Norwood: Ablex.

Tomasello, Michael（1999）*The cultural origins of human cognition.* Harvard University Press, Cambridge.（大堀壽夫・他（訳）（2006）『心とことばの起源を探る：文化と認知』勁草書房.）

唐須教光（1988）『文化の言語学』勁草書房.

外山滋比古（1973）『日本語の論理』中公文庫.

Trompenaars, Fons（1993）. *Riding the waves of culture: Understanding cultural diversity in business.* London: The Economist.

Tylor, Edward B.（1903）*Primitive culture.* New York: Mohn Murray.

渡辺雅子（2004）『納得の構造：日米初等教育に見る志向表現のスタイル』東洋館出版社.

Wilkes-Gibbs, Deanna（1997）Studying language use as collaboration. In G. Kasper & E. Kellerman（eds.）*Communication strategies: Psycholinguistic and sociolinguistic perspectives.* 238-274. London: Longman.

吉村公宏（2011）『英語世界の表現スタイル：捉え方の視点から』青灯社.

あ と が き

Afterword

　本書は，初めて英語学と向き合う大学 1 年生や一般読者を念頭に，第 1 章で述べた「開放系言語学」の視点から「英語学」の主要なトピックをできるだけ平易に説くことを企図した入門書である．読者の理解のために，英語と対照して日本語の例も多く挙げて説明してきた．12 の章で取り上げた各トピックのうち，読者の心のフックに引っかかったものは，その先にある深遠な研究の世界への扉であり，各自でさらに探究していってほしいと切に願っている．

　もちろん，本書で取り上げることができなかった興味深いトピックもまだたくさんある．たとえば，比較的読みやすい以下の入門書を手に取り，英語学の世界の眺望を味わってほしい．

・東照二（2009）『社会言語学入門：生きた言葉のおもしろさに迫る〈改訂版〉』研究社．
　　社会言語学の中心的トピックを過不足なく明快に説明している入門書．
・池上嘉彦（2006）『英語の感覚・日本語の感覚：〈ことばの意味〉のしくみ』NHK ブックス．
　　意味を中心に据え，英語と日本語の相違を鮮やかに浮かび上がらせている名著．
・井上逸兵（2015）『グローバルコミュニケーションのための英語学概論』慶應義塾大学出版会．
　　前半は伝統的なトピック，後半はコミュニケーションに軸足をおいた英語学の新しい世界を分かりやすく説いた入門書．
・加藤重広・澤田淳（編）（2020）『はじめての語用論：基礎から応用まで』研究社．
　　語用論の主要トピックはもちろん，認知言語学などとの接点も扱う包括的な入門書．
・唐須教光（編）（2008）『開放系言語学への招待：文化・認知・コミュニケーション』慶應義塾大学出版会
　　「開放系言語学」の入門書．言語は文化・認知・コミュニケーションと分かちがたく結びついていることを実感させてくれる．
・唐須教光（2007）『英語と文化：英語学エッセイ』慶應義塾大学出版会．
　　認知言語学・社会言語学・言語人類学・英語教育と幅広いトピックを扱い，英語の世界の奥深さを実感できる一冊．
・平賀正子（2016）『ベーシック新しい英語学概論』ひつじ書房．
　　社会言語学を中心に据えた新しい英語学概論．

・野村益寛（2014）『ファンダメンタル認知言語学』ひつじ書房.
　　認知言語学のおもしろさを体感できる入門書.

　もちろん，興味・関心を引いたキーワードを CiNii（https://ci.nii.ac.jp/）や Google Scholar（https://scholar.google.co.jp）に入力し，より専門的な記事や論文にチャレンジするのが理想ではあるが，まずは広く浅く「言葉のおもしろさ」に気づく経験を積み重ねてほしい．それにより，興味・関心がさらに掘り起こされていくことだろう．

　本書を読み終えた読者のみなさんに一つお願いがある．それは，専門用語が分からないときには，（インターネットでもなく，広辞苑でもなく）ぜひ英語学関連の辞典を引いてほしいということである．周辺視野が思いがけずに興味をひく記述を捉え，新しい関心を喚起するきっかけが得られることもある．このような辞書もまた，学問の世界への扉である．

・辻幸夫（編）（2013）『新編 認知言語学キーワード事典』研究社.
・斎藤純男ほか（編）（2015）『明解言語学辞典』三省堂.
・中野弘三ほか（監修）（2015）『最新英語学・言語学用語辞典』開拓社.
・畠山雄二（編）（2017）『最新理論言語学用語事典』朝倉書店.
・辻幸夫（編集主幹）（2019）『認知言語学大事典』朝倉書店.

　本書が理論的基盤とする認知言語学・社会言語学・語用論は，（第1章で論じたように）総じて「開放系言語学」とくくることができる．「開放系」とは，本書の3名の筆者が学部や大学院でご指導いただいた唐須教光先生（慶應義塾大学名誉教授）が2000年あたりからお使いになられている，非自律系言語学（誤解を恐れずにひと言でいうと，生成文法に与しない他の言語学）を統合する用語である．言語と密接な関係にある「認知」「社会」「文化」「コミュニケーション」を総称的にカテゴリー化できる表現は類を見ない．本書で「開放系言語学」を標榜するにあたり，唐須教光先生には快くご許可をいただいた．これまでのご指導・ご厚情への感謝も含め，ここに記して御礼を申し上げたい．

多々良直弘

松井真人

八木橋宏勇

索　　引

英和対照用語一覧

A rose is a rose is a rose（is a rose）　「バラはバラであり，それ以上でもそれ以下でもない」
affix　接辞
American English　アメリカ英語
analogy　類推
aspect　アスペクト，相
audience design　オーディエンス・デザイン

basic level category　基本レベルカテゴリー
bilingualism　バイリンガリズム
bleaching　漂白化
British English　イギリス英語

categorization　カテゴリー化，範疇化
category　カテゴリー，範疇
challenge　チャレンジ
classical theory of categories　古典的カテゴリー論
cline　漸次変容
cluster model　集合体モデル
Cockney English　コックニー英語
code-switching　コード・スイッチング
cognition　認知
cognitive ability　認知能力
cognitive linguistics　認知言語学
collocation　コロケーション
communication　コミュニケーション
communicative competence　コミュニケーション能力
competence　言語能力
compositionality　構成性
conceptual metaphor　概念メタファー
construal　事態把握，捉え方
construct　構成体
construction　構文
construction grammar　構文文法
container schema　容器のイメージ・スキーマ
content word　内容語

contiguity　隣接性
conversational implicature　会話の含意
cooperative principle　協調の原理
corpus　コーパス
cross-category harmony　カテゴリー横断的調和
cultural construction　文化的構築物
cultural model　文化モデル
culturally coherent translation　文化意訳

date-oriented　データ中心的
decategorization　脱範疇化
deference　敬意
different form, different meaning　形式が異なれば意味も異なる
diglossia　ダイグロッシア，二言語変種使い分け
discourse　談話
discourse competence　談話能力
distance　距離
distinctive feature　示差的特徴

ecological niche　生態的地位
egalitarianism　対等の原理，対等・平等主義
empathy　エンパシー，連帯
entailment　含意
Estuary English　河口域英語
expanding circle　拡大円圏
experiential cooccurrence　経験的共起性
experiential similarity　経験的類似性
experimentalism　経験基盤主義
externalized language　E 言語

face　フェイス
fact-oriented　事実中心的
family resemblance　家族的類似性
fashions of speaking　好まれる言い廻し
figure　図

figure-ground reversal　図と地の反転
form　形式
form-meaning pairing　形式と意味の対応関係
four-letter word　四文字語
function word　機能語

General American　ジェネラル・アメリカン（一般英語）
generative grammar　生成文法
gestalt　ゲシュタルト
Global English　グローバル英語
glottal stop　声帯破裂音，声門閉鎖音
grammatical competence　文法能力
grammaticalization　文法化
ground　地

hearer responsibility　聞き手責任
high context culture　高コンテクスト文化
high language　上層語
high variety　威信の高い言語変種
homology　相同性
hypothesis of unidirectionality　一方向性の仮説

ideal speaker　理想的な話し手
idealized cognitive model　理想認知モデル
identity　アイデンティティ
idiom　イディオム
idiomatic English　英語らしい言いまわし
image schema　イメージ・スキーマ
image-schema transformation　イメージ・スキーマ変換
inference　推論
inner circle　内円圏
instance link　具体事例のリンク
intelligibility　理解可能性
interactional competence　相互行為的能力
intercultural communication　異文化間コミュニケーション
internalized language　I言語
introspection　内省
irony　皮肉

knowledge of language　言語知識

landmark　ランドマーク

language　言語
law of the excluded middle　排中律
layering　重層化
lingua franca　リンガ・フランカ
linguistics　言語学
localization　ローカル化，現地化
localize　現地化（させる）
low context culture　低コンテクスト文化
low language　下層語
low variety　威信の低い言語変種

mapping　写像
maxims of conversation　会話の公理
meaning　意味
mental corpus　メンタルコーパス
mental organ　心的器官
metalinguistic awareness　メタ言語意識
metamessage　メタメッセージ
metaphor　メタファー，隠喩
metaphorical code-switching　隠喩的コード・スイッチング
metaphorical expression　メタファー表現
metaphorical link　メタファー的リンク
metaphorical mapping　メタファー写像
metonymy　メトニミー，換喩
Middle English period　中英語期
misfit　社会の不適合者
module　モジュール
morpheme　形態素
morphology　形態論
multilingual　マルチリンガル
multilingual society　多言語社会

negative face　ネガティブ・フェイス
non-standard variety　非標準変種
Northern Subject Rules　北部主語規則

objective construal　客観的把握
official language　公用語
open system linguistics　開放系言語学
outer circle　外円圏

palindrome　回文
path schema　経路のイメージ・スキーマ
performance　言語運用

persistence　　持続性
philology　　フィロロジー
phonetics　　音声学
phonological reduction　　音韻縮約
phonology　　音韻論
politeness　　ポライトネス
polyglossia　　ポリグロッシア
polysemy　　多義
positive face　　ポジティブ・フェイス
poverty of stimulus　　刺激の貧困
pragmatic inference　　語用論的推論
pragmatics　　語用論
principle of compositionality　　構成性の原理
principle of least collaborative effort　　協調努力
　の最小化の法則
principle of politeness　　ポライトネスの原理
prototype　　プロトタイプ
prototype semantics　　プロトタイプ意味論
psychological distance　　心理的距離

reanalysis　　再分析
Received Pronunciation　　容認発音
reference point　　参照点
reference point ability　　参照点能力
referent　　指示対象
regional variety　　地域変種
register　　レジスター，言語使用域
rhetoric　　レトリック

second language　　第二言語
semantic component　　意味成分
semantic extension　　意味拡張
semantic feature　　意味特徴
semantics　　意味論
sequence of thought　　考え方の順番
similarity　　類似性

similarity link　　類似性のリンク
social norms　　社会的規範
social structure　　社会の構成
social variety　　社会変種
sociocultural competence　　社会文化的能力
sociolinguistic competence　　社会言語的能力
source domain　　起点領域
Spanglish　　スパングリッシュ
speaker responsibility　　話し手責任
split infinitive　　分離不定詞
standard variety　　標準変種
strategic competence　　方略（的）能力
structural semantics　　構造意味論
structuralism　　構造主義
study of language as an open system　　開放系言
　語学
subjective construal　　主観的把握
synecdoche　　シネクドキー，提喩
syntax　　統語論

tacit knowledge　　暗黙知
target　　ターゲット
target domain　　目標領域
they-code　　彼らコード
trajector　　トラジェクター
transformation link　　変換リンク

universal grammar　　普遍文法
usage-based model　　用法基盤モデル

volitional　　働きかけ

way construction　　way 構文
we-code　　我々コード
World Englishes　　世界の諸英語
worldview　　世界観

著者略歴

たたらなおひろ
多々良直弘

2004 年　慶應義塾大学大学院文学研究科
　　　　（英米文学専攻）後期博士課程単位取得退学
現　在　桜美林大学リベラルアーツ学群 准教授
　　　　修士（文学）

まついまひと
松井真人

1998 年　慶應義塾大学大学院文学研究科
　　　　（英米文学専攻）後期博士課程単位取得退学
現　在　山形県立米沢女子短期大学英語英文学科 教授
　　　　修士（文学）

やぎはしひろとし
八木橋宏勇

2008 年　慶應義塾大学大学院文学研究科
　　　　（英米文学専攻）後期博士課程単位取得退学
現　在　杏林大学外国語学部 准教授
　　　　修士（文学）

実例で学ぶ英語学入門
　　　—異文化コミュニケーションのための日英対照研究—
　　　　　　　　　　　　　　　　　　定価はカバーに表示

2022 年 4 月 5 日　初版第 1 刷
2022 年 10 月 5 日　　　第 2 刷

著　者　多　々　良　直　弘
　　　　松　井　真　人
　　　　八　木　橋　宏　勇
発行者　朝　倉　誠　造
発行所　株式会社　朝　倉　書　店
　　　　東京都新宿区新小川町 6-29
　　　　郵 便 番 号　162-8707
　　　　電　話　03（3260）0141
　　　　ＦＡＸ　03（3260）0180
　　　　https://www.asakura.co.jp

〈検印省略〉

教文堂・渡辺製本

Printed in Japan

藍野大 西原哲雄編 朝倉日英対照言語学シリーズ1 # 言　語　学　入　門 51571-8 C3381　　　　A5判 168頁 本体2600円	初めて学ぶ学生に向けて，言語学・英語学の基本概念や用語から各領域の初歩までわかりやすく解説。英語教育の現場にも配慮。〔内容〕言語学とは何か／音の構造／語の構造／文の構造／文の意味／文の運用
前静岡大 服部義弘編 朝倉日英対照言語学シリーズ2 # 音　　声　　学 51572-5 C3381　　　　A5判 164頁 本体2800円	具体的音声レベルの事象に焦点をあて，音声学の基本を網羅した教科書。〔内容〕音声学への誘い／英語の標準発音と各種の変種／母音／子音／音節・音連鎖・連続発話過程／強勢・アクセント・リズム／イントネーション／音響音声学
同志社大 菅原真理子編 朝倉日英対照言語学シリーズ3 # 音　　韻　　論 51573-2 C3381　　　　A5判 180頁 本体2800円	音韻単位の小さなものから大きなものへと音韻現象や諸課題を紹介し，その底流にある抽象的な原理や制約を考察。〔内容〕音の体系と分類／音節とモーラ／日本語のアクセントと英語の強勢／形態構造と音韻論／句レベルの音韻論／最適性理論
北九大 漆原朗子編 朝倉日英対照言語学シリーズ4 # 形　　態　　論 51574-9 C3381　　　　A5判 180頁 本体2700円	語及び語形成を対象とする形態論の基本概念を解説し隣接領域からの多様な視点を紹介。〔目次〕文法における形態論の位置づけ／語彙部門／派生形態』／屈折形態論／語の処理の心内・脳内メカニズム／自然言語処理
名大 田中智之編 朝倉日英対照言語学シリーズ5 # 統　　語　　論 51575-6 C3381　　　　A5判 160頁 本体2700円	主要な統語現象が，どのように分析・説明されるのかを概観する。生成文法，特に極小主義理論の基本的概念と枠組を紹介。〔内容〕語彙範疇と句の構造／機能範疇と節の構造／A移動／Aバー移動／照応と削除
元名大 中野弘三編 朝倉日英対照言語学シリーズ6 # 意　　味　　論 51576-3 C3381　　　　A5判 160頁 本体2700円	意味論とは，言語表現が共通にもつ意味特性やそれらの間の意味関係を理論的・体系的に分析する学問。最近の認知意味論に至る研究成果をわかりやすく解説。〔内容〕意味とは／語の意味／文の意味1／文の意味II／意味変化
前甲南大 中島信夫編 朝倉日英対照言語学シリーズ7 # 語　　用　　論 51577-0 C3381　　　　A5判 176頁 本体2800円	具体的な言語使用を扱う語用論のテキスト。〔内容〕語用論的意味／意味のコンテキスト依存性／会話における理論／意味論的意味との接点／メタ表示／発話行為／ポライトネス／呼びかけ話およびエピセット
慶大 井上逸兵編 朝倉日英対照言語学シリーズ〔発展編〕1 # 社　会　言　語　学 51631-9 C3380　　　　A5判 184頁 本体3200円	社会の多様性と言語との相関，多様な展開を見せる社会言語学の広がりと発展，そして次代への新たな方向を示す。〔内容〕言語による対人関係の構築，言語の相互行為，コミュニケーションの諸側面，言語と社会制度，社会の構築物など。
藍野大 西原哲雄編 朝倉日英対照言語学シリーズ〔発展編〕2 # 心　理　言　語　学 51632-6 C3380　　　　A5判 176頁 本体3200円	人間がいかにして言語を獲得・処理していくのかを，音声・音韻の獲得，単語・語彙の獲得，文理解・統語の獲得，語用の理解と獲得，言語獲得と五つの章で，心理言語学を初めて学ぶ学生にも理解できるよう日本語と英語を対照しながら解説。
前静岡大 服部義弘・立正大 児馬 修編 朝倉日英対照言語学シリーズ〔発展編〕3 # 歴　史　言　語　学 51633-3 C3380　　　　A5判 212頁 本体3400円	英語と日本語の歴史的変化をタイポロジーの視点から捉える。〔内容〕日本語史概観，英語史概観，音変化，韻律論の歴史，書記体系の変遷，形態変化，語彙の変遷，統語変化，意味変化・語用論の変化，言語変化のメカニズム

藍野大 西原哲雄編著
朝倉日英対照言語学シリーズ〔発展編〕4
英 語 教 育 と 言 語 研 究
51634-0 C3380　　　　　A 5 判 180頁 本体3200円

英語教育に関わる基礎的研究をもとに，英語教育を言語研究と関連づけ発展的内容を概説。〔内容〕英語教育と言語教育とは／なぜ音声研究の視点が重要か／語彙習得研究／文理解／コミュニケーション研究／第二言語習得研究／評価研究

信州大 田中江扶・茨城高専 本田謙介・農工大 畠山雄二著
ネイティブ英文法 1
時　　制　　と　　相
51671-5 C3382　　　　　A 5 判 200頁 本体2800円

英語の時制（テンス）と相（アスペクト）の仕組みを最新の理論に基づき豊富な例文とかみ砕いた解説で明快に理解する。〔内容〕時間と時制／現在時間／過去時間／未来時間／完了進行形が表す時間／アスペクト／進行形／完了形／動名詞と分詞

島根大 小林亜希子・ICU 吉田智行著
ネイティブ英文法 2
破　格　の　構　造
51672-2 C3382　　　　　A 5 判 192頁 本体2800円

本書では破格を「学校英文法からの逸脱」と定義し，学習者にとってわかりづらい破格現象の構造と使い方を丁寧に解説する。〔内容〕破格について／一致現象／格／形容詞・副詞／前置詞／動詞・助動詞／語順／係り受け／否定文／表記

津田塾大 都田青子・学習院大 平田一郎著
ネイティブ英文法 3
音　　と　　形　　態
51673-9 C3382　　　　　A 5 判 192頁 本体3000円

英語の音の仕組みと，単語を組み立てる単位である形態を初学者にもわかりやすく解説。それぞれのテーマについて，音と形態の二つの視点から理解を深める。〔内容〕形態と音の接点／屈折形態素各論／派生形態素各論／複合語／語を越えて

茨工高専 本田謙介・信大 田中江扶・東農工大 畠山雄二著
ネイティブ英文法 4
英 文 の 基 本 構 造
51674-6 C3382　　　　　A 5 判 212頁 本体3300円

動詞の性質からスタートし，疑問文・受動文・否定文など，英語の文のしくみを解説する。〔内容〕英語の基本文について／基本文の構造／疑問文／文の構造と意味および用法／受動文／修飾関係と述語関係／否定文／英文の基本パターン

神戸大 岸本秀樹・阪大 岡田禎之著
ネイティブ英文法 5
構 文 間 の 交 替 現 象
51675-3 C3382　　　　　A 5 判 200頁 本体3200円

基本的な意味が同じで，表現法が異なる2つの構文間の関係「構文交替」を詳しく解説。〔内容〕自動詞文と他動詞文の交替／複他動詞文と他動詞文の交替／特定の意味をもつ同士が起こす交替／能動文と受動文の交替／句動詞の交替／他

元名大 中野弘三編
シリーズ〈言語表現とコミュニケーション〉1
語 は なぜ 多義 に なるのか
―コンテキストの作用を考える―
51621-4 C3380　　　　　A 5 判 200頁 本体3200円

語用論の中心課題である，言語表現とコミュニケーションの場の解明，特に意味伝達のプロセスを解明するシリーズ。第1巻では，意味理論，語用論理論をもとに語の多義性を分析し，歴史的意味変化や，借用の過程で生じる意味変化を扱う。

大阪経法大 東森 勲編
シリーズ〈言語表現とコミュニケーション〉2
対話表現 は なぜ 必要 なのか
―最新の理論で考える―
51622-7 C3380　　　　　A 5 判 180頁 本体3200円

対話において，話し手は聞き手に何らかの情報を伝達するが，それは両者の知識や感情により，言語表現の本来の意味が変化する。本巻では対話表現の問題とその代表である法表現，婉曲表現，談話標識，配慮表現などの基礎と応用を取り扱う。

前甲南大 中島信夫編
シリーズ〈言語表現とコミュニケーション〉3
発話の解釈 は なぜ 多様 なのか
―コミュニケーション能力の働きを考える―
51623-4 C3380　　　　　A 5 判 184頁 本体3200円

発話は文字通りの意味だけでなく話し手の意図が言外の意味として伝えられ，それは聞き手の推論により了解される。第3巻では，意図の了解，推論の仕組み・発話解釈の問題，様々な発話表現，ポライトネスなどの語用論的能力の働きを解説。

農工大 畠山雄二編
英 語 上 達 40 レ ッ ス ン
―言語学から見た4技能の伸ばし方―
51065-2 C3082　　　　　A 5 判 200頁 本体2800円

英語の四技能「読む・書く・聞く・話す」を効果的に・理論的に上達させるための40レッスン。〔内容〕英語とはどういう言語なのか／読解力を支える文法／調べて書く／母音と子音を正しく聞き取る／スピーキングの効果的な学習／他

山形大 Mark Irwin・東北大 Matthew Zisk著

The Japanese Language（英語で学ぶ日本語学）I

Japanese Linguistics （日本語学）

51681-4 C3381　　　　　A 5 判 304頁 本体4800円

全編英文の日本語学の教科書。〔内容〕Phonology & Phonetics／Grammar & Syntax／Orthography & Writing／Lexicon & Word Formation／Language & Society／Language Contact & Dialects／Education, Research & Policy

---

日大 小林雄一郎著

ことばのデータサイエンス

51063-8 C3081　　　　　A 5 判 180頁 本体2700円

コンピュータ・統計学を用いた言語学・文学研究を解説。データ解析事例も多数紹介。〔内容〕ことばのデータを集める／言葉を数える／データの概要を調べる／データを可視化する／データの違いを検証する／データの特徴を抽出する／他

慶大 辻 幸夫編集主幹
京大 楠見 孝・兵庫教大 菅井三実・北大 野村益寛・名大 堀江 薫・龍谷大 吉村公宏編

認 知 言 語 学 大 事 典

51058-4 C3580　　　　　B 5 判 864頁 本体22000円

認知言語学理論と関連分野について、言語学研究者から一般読者までを対象に、認知言語学と関連分野の指導的研究者らがその全貌を紹介する。全52項目のコラムで用語の基礎を解説。〔内容〕1.総論(記号論，認知科学，哲学等)，2.理論的枠組み(音韻論，形態論，フレーム意味論等)，3.主要概念(カテゴリー化，イメージ・スキーマ，参照点等)，4.理論的問題(A.言語の進化と多様性，B.言語の創発・習得・教育，C.創造性と表現)，5.学際領域(心理学，人類学，神経科学，脳機能計測等)

農工大 畠山雄二編

最新 理 論 言 語 学 用 語 事 典

51055-3 C3580　　　　　A 5 判 496頁 本体7400円

「言語学はいったいどこに向かっているのか」 80-90年代のような言語学の大きな潮流・方向性が見えない時代と世界。それでも，言語学が「行くべき道」は見えなくもない。その道を知るために必要となる言語学の最先端全200項目をそれぞれ2ページで解説する。言語学の巨大な森を見渡す事典。〔内容〕認知言語学，機能文法，ミニマリスト・プログラム，形式意味論，言語獲得，生物言語学，主要部駆動句構造文法，言語哲学，日本語文法，構文文法。

前都立大 中島平三編

こ と ば の お も し ろ 事 典

51047-8 C3580　　　　　B 5 判 324頁 本体7400円

身近にある“ことば”のおもしろさや不思議さから，多彩で深いことば・言語学の世界へと招待する。〔内容〕I.ことばを身近に感じる(ことわざ／ことば遊び／広告／ジェンダー／ポライトネス／育児語／ことばの獲得／バイリンガル／発達／ど忘れ，など) II.ことばの基礎を知る(音韻論／形態論／統語論／意味論／語用論) III.ことばの広がりを探る(動物のコミュニケーション／進化／世界の言語・文字／ピジン／国際語／言語の比較／手話／言語聴覚士，など)

農工大 畠山雄二編著

正しく書いて読むための 英 文 法 用 語 事 典

51062-1 C3582　　　　　A 5 判 336頁 本体5000円

英文法用語を見開き2頁完結で明快に解説する。英語教師・英文科学生・上級学習者必携の一冊。〔内容〕品詞／句／節／単文／重文／複文／肯定文／否定文／疑問文／仮定法／一致／意味上の主語／格／(不)可算名詞／非人称のit／序数(詞)／性／動詞とは／不規則活用／助動詞／時制 (テンス)／相 (アスペクト)／現在分詞／過去分詞／分詞構文／態 (ヴォイス)／否定／比較級／関係副詞／制限用法／等位接続詞／従位接続詞／倒置／強調／複合語／派生語／他

上記価格（税別）は 2022 年 9 月現在